主　编
董仁威

执行主编
黄继先　戚万凯

丛书编委会
董仁威　黄继先　黄鹏先　戚万凯
崔　英　廖弟华　彭万洲　邹景高
吴昌烈　叶　子　李建云　罗克美
邓　波　毛　君　余文太　黄　波

人生榜样

少年儿童综合素质启蒙
系列读物

董仁威 黄莲 编著

APETIME 时代出版传媒股份有限公司
时代出版　安徽教育出版社

图书在版编目（CIP）数据

人生榜样 / 董仁威，黄莲编著. —合肥：安徽教育出版社，2013
（少年儿童综合素质启蒙系列读物 / 董仁威主编）
ISBN 978-7-5336-7448-9

Ⅰ.①人… Ⅱ.①董…②黄… Ⅲ.①名人－生平事迹－世界－少儿读物 Ⅳ.①K811-49

中国版本图书馆 CIP 数据核字（2013）第 035639 号

人生榜样
RENSHENG BANGYANG

出 版 人：费世平
质量总监：姚　莉
策划编辑：杨多文
统筹编辑：周　佳
责任编辑：陈彩霞
装帧设计：袁　泉
责任印制：王　琳

出版发行：时代出版传媒股份有限公司　安徽教育出版社
地　　址：合肥市经开区繁华大道西路398号　邮编：230601
网　　址：http://www.ahep.com.cn
营销电话：(0551)63683012，63683013
排　　版：安徽创艺彩色制版有限责任公司
印　　刷：安徽瑞隆印务有限公司

开　本：650×960　1/16
印　张：10.5
字　数：100千字
版　次：2014年4月第1版　2019年8月第4次印刷
定　价：19.00元

（如发现印装质量问题，影响阅读，请与本社营销部联系调换）

目录

- 001　人生路
- 003　路温舒和公孙弘
- 005　孙敬和苏秦
- 007　车胤和孙康
- 009　朱买臣和李密
- 011　祖莹和李泌
- 013　蔡文姬与谢道韫
- 015　孔子
- 017　孟子
- 019　荀季和
- 021　金钥匙
- 023　读书"三到"
- 025　嬴政与成蟜
- 027　朱元璋
- 029　陆游
- 031　文天祥
- 033　岳飞
- 035　杜甫
- 037　苏轼
- 039　李白与王羲之
- 041　王冕
- 043　夏完淳
- 045　曹雪芹
- 047　郑燮
- 049　林则徐

- 051 谭嗣同
- 053 宋教仁
- 055 孙中山
- 057 毛泽东
- 059 邓小平
- 061 周恩来
- 063 鲁迅
- 065 巴金
- 067 冰心
- 069 郭沫若
- 071 艾芜
- 073 詹天佑
- 075 杨振宁与李政道
- 077 丁肇中
- 079 霍英东
- 081 包玉刚
- 083 华盛顿
- 085 林肯
- 087 罗斯福
- 089 拿破仑
- 091 马克思
- 093 恩格斯
- 095 哥白尼
- 097 伽利略
- 099 苏格拉底
- 101 达尔文
- 103 哥伦布
- 105 阿基米德
- 107 法拉第

109	麦克斯韦
111	玻尔
113	道尔顿
115	牛顿
117	瓦特
119	爱迪生
121	诺贝尔
123	爱因斯坦
125	孟德尔
127	居里夫人
129	摩尔根
131	南丁格尔
133	巴尔扎克
135	托尔斯泰
137	安徒生
139	普希金
141	果戈理
143	乔治·桑
145	海明威
147	泰戈尔
149	肖邦
151	萨特
153	比尔·盖茨
155	松下幸之助
157	洛克菲勒
159	巴菲特

人生路

人生路
小娃娃,学走路,
走一步,跌一步。
要走好,靠父母,
父母抚儿多辛苦!
人生路,长又长,
父母养育朋友帮。
学校社会共培养,
牢记大家恩和情,
长大成才多报答。
(崔英 黄继先)

儿歌

背后的故事

你还记得第一次独立行走吗?还记得第一次去学校吗?还记得第一次独自出门吗……人生有太多的第一次!当你还小的时候,父母会陪着你走过这些第一次;在你成长的过程中,朋友会陪你走过那些第一次;等你长大的时候,你就得独自面对人生中的第一次。但是,别忘了万丈高楼平地起,如果你是一栋摩天大厦,父母就是你脚下坚实的基石;如果你是一棵参天大树,父母就是泥土中为你输送养分的树根。爸爸妈妈养大你多么不容易呵。"十月怀胎,一朝分娩",从你在妈妈的肚子里起,爸爸妈妈就把你当成宝贝;生下你后,怕你冻着,挣钱为你买衣服;怕你饿着,挣钱为你买好东西吃;怕你不高兴,挣钱给你买玩具;怕你不学好,天天苦口婆心把道理给你讲。你

说父母的恩情是不是比海深?

你的人生之路,现在才刚刚开始。父母为你撑起了一个温暖的家,你要在今后努力读书,找工作,立业,成家;等到父母老了的时候,你要为他们撑起一个温暖的家。人生的路途很漫长,你也许会遇到不少困难,但古人说"千里之行始于足下",有了温馨的家,有了支持你的父母,就有了好的开始。那么,从现在起,你以古今中外的名人为榜样,开始努力吧!

1.为什么说海深难比父母的恩情深?
2.为什么说路长难比人生长?

路温舒和公孙弘

《三字经》

披蒲编,

削竹简。

彼无书,

且知勉。

这是我国古代启蒙书《三字经》中讲的两个故事。两千多年前的西汉时代,有个叫路温舒的小朋友,很喜欢读书,但是那个时候还没有印刷的书籍,需要人们自己用纸笔抄书。而路温舒家里很穷,没有钱买纸来抄书,怎么办呢?他便在放羊的时候,趁羊儿在山坡上吃草玩耍的空隙,扯一些蒲草来编成席子,再将借来的书抄在蒲席上,便有书读啦。后来,路温舒学习律令,当上了县狱吏、守廷尉史、郡太守等职务,最终成为著名的司法官。

另一个小朋友叫公孙弘,因为家里贫穷,只能以帮人放猪为生,所以没有学识。他长大后担任薛县狱吏,经常发生过失,最终被免职。从此,公孙弘立志读书。他贫穷买不起书本,就把竹子削成一块

块可以当纸用的"简",用来抄写书籍学习,苦读到四十岁,终于被汉武帝任命为博士,取得好的功名。

这两个人都很贫穷,买不起书,但不忘勤奋学习,就算犯过错误,也能从失败中站起来,最终取得成功。我们现在生活在这么美好的社会里,家里有父母操心我们的吃穿住行,学校里有老师教导我们文化知识,家庭贫困的同学,社会各界还提供了许多帮助。我们生活的时代比路温舒和公孙弘都要好,难道不应该更努力地学习,从而取得更大的成就来回报父母和社会吗?

1.你知道路温舒用什么办法自制书本吗?
2.你知道公孙弘用什么办法自制书本吗?

孙敬和苏秦

《三字经》

头悬梁,

锥刺股。

彼不教,

自勤苦。

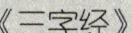 背后的故事

这是我国古代启蒙书《三字经》中讲的两个故事。一个故事讲的是我国东汉有个叫孙敬的人,十分好学。读书到深夜,他怕打瞌睡影响学习,便把头发吊在屋梁上,一打盹儿,头往下一垂,头发便扯动头皮,头就会痛,头一痛,瞌睡就没有了,便能专心致志继续读书了。由于孙敬刻苦读书,他长大后成为汉代有名的学士。

另一个故事讲的是我国战国时期一个叫苏秦的人。他发奋读书,天天钻研兵法到深夜。有时候读书到半夜,又累又困,想睡觉了,他就用锥子扎自己的大腿,虽然很疼,精神却来了,就接着读下去。就这样用了一年多的时间,他的知识比以前丰富多了。当时秦国仗着强盛不断发兵进攻邻国,占领了不少地方,其他六国都很害怕,想

方设法对付它。苏秦提出了"合纵"抗秦的方法,意思是六国联合起来共同抗秦。因为六国的位置是纵贯南北,南北为纵,所以称为"合纵"。这样,苏秦成为战国时有名的政治家。

这就是后来人们说的"头悬梁,锥刺股",用来表示读书刻苦的精神。我们小朋友正处在长身体、学知识的时期,应该养成先学习、后玩耍的好习惯,这样才能学习、长身体两不误,成长为一个身体健康、知识渊博的人。

古人爱读书,现代人更爱读书。诺贝尔文学奖获得者莫言,他小时候为了能借到一本书,宁愿给人家推半天磨。

1.孙敬为什么要把头发吊在屋梁上?
2.苏秦为了读书不打瞌睡刺伤自己傻不傻?

车胤和孙康

《三字经》

如囊萤，

如映雪。

家虽贫，

学不辍。

  这是我国古代启蒙书《三字经》中讲的两个劝学故事。两个故事都发生在离现在一千六百多年的晋代。"囊萤"的典故说的是晋代的车胤，"映雪"讲的是晋代孙康的故事。他们虽然家境贫寒、生活艰苦，但是能立志苦读，没有因为读书条件差就停止学习。

  车胤，字武子，晋代南平人，家里一贫如洗，但立志苦读。当时的太守王胡之对他抱有很大的希望，很早就告诉他的父亲应该送车胤去读书。但是车胤家实在是太贫穷了，不但上不起学校，就连晚上在家看书都没钱买油点灯。后来，车胤注意到一到夜晚就漫天飞舞的萤火虫，虽然每一只萤火虫只有微弱的光亮，但是积少成多也会足够光明啊。于是车胤开始捉萤火虫放在纱布缝制的袋子里面，这样，他就可以借着萤火虫发出的微弱光亮来读书了。

　　孙康，晋代京兆人，幼时酷爱读书，常常感到时间不够用。他想夜以继日地攻读，可此时家道中落，没钱买油点灯，一到天黑，便没有办法读书了。特别到了冬天，长夜漫漫，他有时辗转很久难以入睡。实在没有办法，他只好白天多看书，晚上躺在床上默诵。一天夜里，他一觉醒来发现从窗外透进几丝白光。开门一看，原来下了一场大雪，大地的光亮使他眼花缭乱。孙康心中一动，映着雪光可否读书呢？他急急忙忙跑回屋里，拿出书来对着雪地的反光一看，果然字迹清楚，比昏黄的油灯要亮得多！

考考你

1.你知道车胤用什么办法在夜晚读书吗？
2.你知道孙康用什么办法在夜晚读书吗？

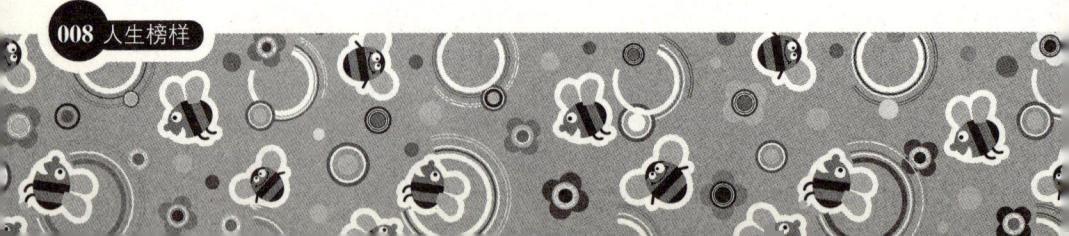

朱买臣和李密

《三字经》

如负薪，

如挂角。

身虽劳，

犹苦卓。

这是我国古代启蒙书《三字经》中讲的两个故事。一个故事讲的是我国两千多年前的汉代，有个叫朱买臣的人，因家贫不得不以砍柴为生，靠卖薪（柴火）度日。每天砍完柴，他就将柴用扁担挑在身后，把书挂在身前的扁担头上，回家的路上边走边读书。后来，经同乡严助推荐，汉武帝封他为中大夫、文学侍从，他也为汉武帝征伐东越出谋划策，深得汉武帝的信任。

苏州穹窿山有一块高大的磐石，相传为朱买臣昔日的读书处，又称"读书台"。山上的拈花寺，相传为朱买臣故居的遗址。小朋友们有机会应该去看看这个勤奋读书的古人的故居哦！

另一个故事讲的是我国一千四百多年前的隋代，有个叫李密的大政治家,小时候很喜欢读书。他在帮人放牛时,将书挂在牛角上,边放牛边读书。有一次,李密听说缑山有一位很有学问的人叫包恺,就前去向他求学。李密骑上一头牛出发了,牛背上铺着用蒲草编的垫子,牛角上挂着一部《汉书》。李密一边赶路一边读《汉书》,正巧被越国公杨素看见了。杨素骑着快马从后面赶上来,勒住马赞扬他:"这么勤奋的书生真是少见!"李密一看是越国公,赶紧从牛背上跳下来行礼。李密谈吐不俗,给杨素留下了深刻印象。回家以后,杨素对儿子杨玄感说:"我看李密这个人的学识才能,在你兄弟之上,将来你们有事可以与他商量。"杨玄感因此倾心结交李密。

1.你知道朱买臣是如何刻苦读书的吗?
2.你知道李密小时候是如何刻苦读书的吗?

祖莹和李泌

《三字经》
莹八岁，
能咏诗；
泌七岁，
能赋棋。
彼颖悟，
人称奇；
尔幼学，
当效之。

背后的故事

　　这是我国古代启蒙书《三字经》中讲的两个故事。一个故事讲的是我国北齐一个叫祖莹的小朋友，八岁便能作诗，能背诵《诗经》《尚书》等经典，还能写出一篇篇好文章。祖莹12岁为中书学生，时时沉湎于书籍，夜以继日地苦读。父母担心他这样下去身体会出毛病，于是禁止他读书，晚上不给他火种。但他暗中将火种藏在灰里，等到父母都睡熟了，就用被子把窗户遮盖起来，点起灯读书。有一次，中书博士张天龙讲《尚书》，祖莹被选为主讲。学生都已经到齐了，而祖莹因为夜里读书太迟，睡过了头。他慌忙之中误将同房学生李孝怡的一本《曲礼》当作《尚书》带来，登上讲台才发现拿错了书。祖莹只得将错就错把《曲礼》放在面前，诵读《尚书》三篇，不漏

一字。后来李孝怡发现了这一情况,报告给张天龙,所有的人对此都极为惊异。

另一个故事讲的是我国唐代一个叫李泌的小朋友,非常聪明。李泌七岁的时候,皇帝唐玄宗听说他小小年纪便能吟诗作赋,十分好奇,便叫他到皇宫中去,亲自考考他,要他以下棋为题做一篇文章。这可难不倒小李泌,他当堂做了一篇《棋赋》。皇帝听了,乐得不得了,直夸赞他文章做得好。

人们都说祖莹、李泌是神童,虽然不是每个孩子都能成为神童,但是,只要我们勤奋学习、努力工作,一样能够取得大的成就。

1.你知道祖莹、李泌为什么被人称为神童吗?
2.你愿意成为神童吗?

蔡文姬与谢道韫

《三字经》
蔡文姬，
能辨琴；
谢道韫，
能咏吟。
彼女子，
且聪明；
尔男子，
当自警。

这是我国古代启蒙书《三字经》中讲的两个女才子的故事。"蔡文姬，能辨琴"，讲的是我国东汉时期一个叫蔡文姬的女孩，她音乐天赋过人，是有名的才女。有一次父亲蔡邕在大厅中弹琴，忽然看到庭院里一只猫和老鼠在搏斗，于是琴音中有了一点变化。这时，蔡文姬在房中问父亲："您的琴声之中为何伏有杀机？"蔡文姬能从琴声中听出吉凶之兆，所以说她"能辨琴"。后来，国家发生动乱，蔡文姬被匈奴掳去，直到建安十三年（208），她父亲的朋友曹操派使臣带着黄金千两、白璧一双将她赎了回来。回汉后，蔡文姬创作了著名的《胡笳十八拍》。

"谢道韫，能咏吟"，讲的是我国东晋时期，有个叫谢道韫的女孩

子,聪明得不得了。她是当时的宰相谢安的侄女。有一年冬天,下雪后的景致很好,谢安和侄女、儿女们一起赏雪。大家一边赏雪,一边作诗来描写下雪的场景。谢安考察晚辈们的学问,叫他们形容"大雪纷飞"这一景色。有人形容雪花似盐,谢道韫却形容为"柳絮因风起",说雪花似风中的柳絮。谢安满口赞许,说她的比喻非常贴切,并暗暗称奇。

我国封建社会一般不允许女孩子读书,因此大多数女子没有什么学问,而这两位女子凭借自身的天赋和后天的努力,成为流传千古的"才女",就连当时一些学识丰富的男子也比不上。那么,生活在现代这样一个男女平等的社会里,女孩们就更应该自爱自重,以这些古代才女为榜样,努力学习,提高自身素养。

考考你

1. 你知道人们为什么称蔡文姬为才女吗?
2. 为什么说谢道韫形容"大雪纷飞"的景色用语贴切?

孔 子

《三字经》

昔仲尼,

师项橐;

古圣贤,

尚勤学。

仲尼大家都知道吧,就是我国古代的大学者孔子。孔子名丘,字仲尼,因为他是大学问家,而且品德高尚,所以后代人尊称他为"孔子"。传说,孔子曾经拜一个七岁的小孩子为师。那是在孔子带着几个弟子周游列国的时候,一天,他们来到宋国境内的一个十字路口,一个叫项橐的小孩拦住去路。孔子叫学生子路去问一下怎么回事,小孩说:"我这是座城池,你们哪能过去呀?"子路说:"这平地哪有什么城池?"小孩用手一指说:"看,这不是城池是什么?"子路顺着小孩指的方向一看,原来是用土坷垃垒的一个大圆圈。子路急忙回禀孔子,孔子下车请小孩让路。小孩一本正经地说:"你是个知书达礼的人,不会不讲理吧?请问,应该是车让城还是城让车呀?"孔子回

答:"当然车让城啦。"小孩指着坷垃城说:"您看,我这是座城池,您怎么能过去?"这让孔子无话可答。孔子想,这个小孩真顽皮,可是一时又想不出什么话可答。而如果绕道要走许多弯路,从旁边经过,又要碾坏庄稼,于是孔子只得好言好语和小孩商量说:"你能不能把'城'拆了让我们过去呀?"小孩说:"有理走遍天下,无理寸步难行。哪有拆'城'让车的道理?"这下可把孔子难坏了,急得在那里乱转。小孩见孔子急得团团转,就说:"我刚才讲了,有理走遍天下,无理寸步难行,我们要以理服人。你若叫我老师,我既不拆'城'又能让车过去。"孔子想了想说:"好,我就叫你老师。"说着,走到小孩面前,躬身施礼叫了一声:"老师。"小孩笑着说:"这很简单,您在城外叫门,我把城门打开,车不就过去了吗?"孔子一听,恍然大悟,既惭愧又敬佩,说:"我不如孺子矣!"

孔子因为好学、不耻下问,最终成为大学问家,也为后人留下了"三人行必有我师"的名言。小朋友们,圣贤都如此虚心好学,我们是否应该效仿他们,努力读书呢?

1.大学问家孔子为什么要拜七岁的小孩为师?
2.你愿意像孔爷爷那样虚心好学吗?

孟 子

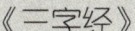

《三字经》

昔孟母，

择邻处；

子不学，

断机杼。

背后的故事

　　孟子是儒家的"亚圣"，也是一位大学者，地位仅次于孔子。但是孟子小时候是个调皮又爱模仿的孩子，孟母为了让他接受好的教育，不惜心血三次搬家！

　　起初，他们住在墓地旁边，孟子就和邻居的小孩一起学大人跪拜、哭嚎的样子，玩起办理丧事的游戏。孟子的母亲看到了，认为这对孟子的成长不好，就带着孟子搬到市集去住。到了市集，孟子又和邻居的小孩学起商人做生意的样子，一会儿鞠躬欢迎客人，一会儿招待客人，一会儿和客人讨价还价，模仿得像极了！孟子的母亲知道后又搬了家，这次他们搬到了学校附近。于是孟子开始变得守秩序、懂礼貌、喜欢读书了。但是有一天，孟子对学习产生了厌烦情绪，逃学了。孟子的母亲知道后,一怒之下把织布机上的线剪断了。孟子害怕得不得了,问母亲为何要故意弄坏织布机。母亲说,你贪玩逃学不读书,就像剪断了的布一样,织不成布;织不成布,就没有衣服穿;不好好读书,你就永远成不了人才。孟子听后知道了自己的错误,从此努力学习。

1.孟子的母亲为什么要一次次搬家?
2.孟子的母亲为什么要故意弄坏织布机?

荀季和

《三字经》
荀季和，有义方；
教八子，名俱扬。
养不教，父之过；
教不严，师之惰。
子不学，非所宜；
幼不学，老何为？
玉不琢，不成器；
人不学，不知义。

《三字经》中讲了一个父亲成功教育八个儿子的故事。

　　故事讲的是我国东汉时期，有个叫荀季和的人教育孩子的故事。荀季和德才过人，被人称为"神君"。他在教育孩子上很下了一番功夫，他的八个儿子后来都成了很有才能很有名望的人，当时被人们称为"八龙"。荀季和说：父母管教你，是因为爱护你，害怕你学到坏的习气；老师教导你，是想帮助你，让你学习更多的文化知识，做一个有本领的人；而小朋友呢，就应该听从父母或师长的教导，因为这才是自己该做的呀！就像那些价值连城的玉石一样，它们不是天生就那样光洁可人，以前它们也与平常的石头区别不大，是亏了工匠们的辛苦打磨、雕琢，最后才成为无价之宝的。人也是一样，当你还小的

时候，不懂礼义，知识少，所以父母和老师指出你的错误，引导你走上正确的道路，然后你自己通过努力，才能成为像玉石那样美丽而有价值的人才。但如果该学习的时候不学习，该听从父母教诲的时候不听从，那就错过了成长的好时光，等长大了，不具有养活自己的本领，后悔都来不及了！

1.荀季和的八个儿子为什么被人们称为"八龙"？
2.你知道从小不好好学习的后果吗？

金钥匙

金钥匙
铜钥匙,铝钥匙,
世上有把金钥匙。
金钥匙,真稀奇,
能开天来能开地。
小朋友,想一想,
这把钥匙在哪里?
在哪里?在哪里?
就在你的书本里。

背后的故事

"书是人类进步的阶梯",小朋友,你知道为什么这样说吗?因为书中有各种各样的知识呀!古今中外,天上地下,飞机怎么飞,核武器为什么炸,怎样盖高楼,怎样种庄稼,怎样医疾病,怎样打球,书中都有。还有呐,书中会有好多好多故事……几天几夜也讲不完,可有意思啦。有个叫培根的哲学家说:"知识就是力量。"而知识最多的地方,就是书籍。读书,可以开阔眼界。哪怕你坐在屋里哪儿也不去,也能了解天下大事,知道人情世故。读书,可以获得力量。古希腊的科学家阿基米德能用杠杆撬起比自己重很多的物体,他将这些知识写进了书本,你读了,就拥有这种力量,你不读,就只能望着别人的成就叹息。读书,还可以洗涤心灵。古时候有一个国王山鲁亚尔,

生性残暴,经常滥杀无辜。后来一个叫山鲁佐德的聪明又勇敢的姑娘,用每天给国王讲故事的方法,将国王从一个暴君变成了一个贤明的君主。《一千零一夜》这本书中就有这个故事。所以说,书本虽然不是黄金,但胜似黄金,还能创造出比黄金更宝贵的财富。黄金也好,钻石也好,用完了就没有了,而会读书的孩子能从书本中增长知识,创造出比黄金、钻石更耀眼的财富。

1. 你知道书本中有些什么吗?
2. 为什么说"知识就是力量"?

读书"三到"

读书"三到"

读书有方法,心眼口"三到"。
思想要集中,这便是心到;
眼睛看书本,这便是眼到;
朗诵印象深,这便是口到。
要想效果好,心眼口同到。

背后的故事

　　心眼口"三到",这是古代人关于读书方法的经验之谈。首先要"心到",集中思想,专心致志。有时候我们讲"心不在焉",就是读书做事时心未到,那样读书,就是一个耳朵进,一个耳朵出,根本不会在脑中留下深刻印象,更谈不上理解、领会书本的内容了。所以,读书首先要用"心",哪怕少读一点,只要用心钻研,将书本知识转化为自己的智慧,积少成多,也会有大的收获。然后要"眼到",眼睛要看书本,不读"望天书"。视觉也是加深记忆的一个要素,要想在同样的时间里记忆更多的内容,就必须动用一切视听资源。最后要"口到",通过朗诵,达到加深印象的目的。同时,通过朗读,能够感受诗句的韵律,体会作者创作时的心境,从而更好地理解文章的深

刻内涵。尤其学习外语时，更需要大声朗读，多读多说，自己给自己创造一个学习语言的环境，这样有利于找到"语感"。如果说外语和说本国语言一样，那么还会担心学不好吗？所以说，读书时心、眼、口同时到，会达到最好的效果。同时，读书的时候要一篇一篇地读，要有一个长期的计划、短期的安排——只要用功，没有读不懂的文章。读不懂的地方，要做好记号，然后问老师、问同学、问爸爸妈妈，务必要读懂，知道文章的确切含义。

1. 读书要做到哪"三到"？
2. 书读不懂时该怎么办？

嬴政与成蟜

民 谚

兄弟如手足，

断了不能续。

嬴政爱弟弟，

虎口解弟毒。

秦始皇，姓嬴名政，是秦朝的开国皇帝，也是中国历史上最伟大的政治家、改革家、战略家、军事统帅。秦始皇统一中国后，创立了皇帝制度，中央实施三公九卿制，地方废除分封制，代以郡县制，这种制度为我国现在的行政区域划分提供了基础；又统一了文字和度量衡，对中华文化的交流和传承起到了极大的作用；在军事上，他北击匈奴，南征百越，修筑万里长城以抵抗外敌，而这雄伟的建筑今天被人们誉为"世界八大奇迹之一"。

但是，嬴政小的时候，父亲子楚并不喜欢他。虽然嬴政是长子，本来应该被立为太子的，但父亲更喜欢成蟜——嬴政同父异母的兄弟，想立成蟜为太子。嬴政的母亲为此很着急，想方设法要保住儿子未来太子的位置。可偏偏嬴政和成蟜很要好,于是嬴政的母亲心生一个毒计。一天,趁着两兄弟学习完毕的空隙,她把两个人叫来吃饭,在给成蟜的酒里下了老鼠药。而嬴政知道母亲不喜欢成蟜,就趁母亲不注意的时候,把有毒的那杯酒给倒了,救了兄弟。虽然嬴政知道,如果弟弟被父亲立为太子,以后当上皇帝,自己会失去权力和财富,但是,这些东西跟兄弟之情比起来,就是身外之物——感情是任何权力和金钱都买不到的。

我们衡量一个人或结交朋友时,不应该看他的权势或长相,而应该仔细观察他的行为,言行是否一致、内心是否善良。同样,我们做人的首要准则,就是真心待人、以心换心。

1.嬴政的母亲是否也是成蟜的亲生母亲?
2.你知道嬴政是如何保护弟弟的吗?

朱元璋

野 卧

天作罗帐地为毡,

日月星辰伴我眠。

夜间不敢长伸脚,

恐踏山河社稷穿。

　　这是明代开国皇帝朱元璋小时候当乞丐和尚时写的一首诗。据传说,这一天,天寒地冻,饥寒交迫的小朱元璋四处化缘,最后来到一所小庙。小庙里住着一个老和尚和三个小和尚。

　　朱元璋在这寺里住了几天。后来雪停了,朱元璋要赶路了,但短暂的几天相处,朱元璋与寺里的三个小和尚结下了深厚的友谊。三个小和尚要留朱元璋一块吃顿饭,其中两个小和尚还坚持要和朱元璋"打通"睡一晚,朱元璋答应了。

　　第二天,四个人一起热乎乎地吃早饭。一个小和尚边吃边对朱元璋说:"兄长,昨晚委屈你了,冻得你一夜也没伸脚。"

　　朱元璋笑着说:"哪里,哪里,麻烦你俩了,我睡得可香了。我有

个蜷腿睡觉的习惯,如果一伸脚,那就了不得了。"

三个小和尚一听,都放下筷子问:"一伸脚怎么样?"朱元璋略一沉思,吟出四句诗来:"天作罗帐地为毡,日月星辰伴我眠。夜间不敢长伸脚,恐踏山河社稷穿。"

朱元璋说完哈哈大笑,三个小和尚也跟着笑起来。老和尚看朱元璋语气不凡,定是非常之人,忙叫小和尚拿笔来,把朱元璋口占的这首诗记了下来。

后来,这首诗被录入朱元璋的《御制文集》中。

朱元璋尽管出身寒微,没有受过孔孟诗书礼乐的教育,但他并非是一个草莽英雄。他在戎马生涯中也写过诗词,并有《御制文集》传世,集中了朱元璋的一百多首诗词。其诗词的韵律、意境自然不及李白、苏轼,但豪情壮志也有相当的艺术震撼力。

1. 朱元璋是在什么环境下写出这首诗的?
2. 你能从朱元璋的这首诗中看出他少年时的志向吗?

陆 游

示 儿

死去元知万事空，

但悲不见九州同。

王师北定中原日，

家祭无忘告乃翁。

《示儿》是南宋著名爱国诗人陆游的作品，写于嘉定三年(1210)春，当时陆游已是85岁高龄了。这是他重病在床时写给儿子的一首绝笔诗，也是遗嘱。

陆游生于公元1125年，他生活的时代，北方的少数民族政权金国频频向宋朝发动战争，积贫积弱的宋朝丧失了大量国土，被迫不断向南迁移，人民生活在战乱和动荡之中。少年时代的陆游就不得不随着家人逃难，饱尝流离失所的痛苦。陆游从小受到父亲强烈爱国思想的熏陶，很早就养成了忧国忧民、渴望国家重建的抱负。为了实现自己报效祖国的理想，他特别注意学习兵书。20岁时，他在一首诗中写道，"上马击狂胡，下马草军书"，希望自己有一天能亲临战

场、杀敌报国。然而直到四十多岁,他才有机会在军中做一名军官,实现了自己多年的愿望。陆游在生命垂危之际,仍悲痛山河破碎,于是用他最后的生命之光,写下了《示儿》诗,让儿子用心国事。这首诗意境高远,情感浓郁,至今仍放射着烛照天地的爱国思想的光芒。这首诗的大意是:我本来就知道,当我死后,人间的一切就都和我无关了;但唯一使我痛心的,就是没能亲眼看到祖国的统一。因此,当大宋军队收复中原失地的那一天到来之时,你举行家祭,千万别忘把这好消息告诉你的父亲啊!

　　家祭,本来是中国古代家庭的祭祖习俗,但在诗人的笔下,把它变成了收复中原的祝捷活动,这实在是一个异乎寻常又别开生面的具有积极意义的家庭祭奠。这首诗感人至深地反映了诗人炽热、深沉的爱国真情,抒发了自己对北方国土沦陷的悲愤,表现了爱国热情。

考考你

1.你能背诵陆游的《示儿》一诗吗?
2.你能说说《示儿》一诗的大意吗?

文天祥

过零丁洋

辛苦遭逢起一经,
干戈寥落四周星。
山河破碎风飘絮,
身世浮沉雨打萍。
惶恐滩头说惶恐,
零丁洋里叹零丁。
人生自古谁无死?
留取丹心照汗青。

这是我国南宋末年,民族英雄文天祥抗击元军入侵被俘后写的一首言志诗。

文天祥(1236—1283),吉州吉水(今江西吉安县)人,抗元名将,著有《文山诗集》,名篇有《正气歌》《过零丁洋》。这首诗的大意是这样的:当年由科举考试进入仕途历尽艰辛,如今在战争中已过了四年。国家山河破碎,就像风吹起的柳絮,自己一生浮浮沉沉,就如同被雨打的浮萍。惶恐滩的经历让我至今感到惶恐,零丁洋里我感叹自己的孤苦伶仃。自古以来,没有谁能够长生不死,我要留下一片丹心映照史册。

这首诗是文天祥被俘后誓死明志而作。第一、二句诗人回顾平

生,但限于篇幅,只写了"参军"和"兵败"两件事。中间四句紧承"干戈寥落",明确表达了作者对当前局势的认识:国家处于风雨飘摇中,亡国的悲剧已不可避免,个人的命运就更难以言说。但面对这种巨变,诗人想到的不是个人的出路和前途,而是深深地遗憾自己未能在军事上取得胜利,从而扭转局面。同时,也为自己的孤立无援感到格外痛心。我们从字里行间不难感受到作者对国破家亡的剧痛与自责、自叹相交织的苍凉心境。末二句则是身陷敌手的诗人对自身命运的一种毫不犹豫的选择。这使得前面的感慨、遗恨平添了一种悲壮激昂的力量和底气,表现出独特的崇高美。这既是诗人人格魅力的体现,也表现了中华民族独特的精神美,其感人之处远远超出了语言文字的范围。

1.为什么说文天祥是民族英雄?
2.你知道"留取丹心照汗青"是什么意思吗?

岳 飞

满江红

怒发冲冠,凭栏处、潇潇雨歇。抬望眼、仰天长啸,壮怀激烈。三十功名尘与土,八千里路云和月。莫等闲、白了少年头,空悲切。
靖康耻,犹未雪。臣子恨,何时灭。驾长车踏破,贺兰山缺。壮志饥餐胡虏肉,笑谈渴饮匈奴血。待从头、收拾旧山河,朝天阙。

背后的故事

这是宋代民族英雄岳飞写的词,这首词慷慨激昂,是岳飞爱国情怀的真实写照。它的意思是:我怒发冲冠,独自登高凭栏,骤急的风雨刚刚停歇。我抬头远望,天空一片高远壮阔,让人禁不住仰天长啸,一片报国之心充满心怀。三十年的功名如同尘土,八千里路经过多少风云人生。好男儿,要抓紧时间为国建功立业,不要空将青春消磨,等年老时徒自悲切。靖康之变的奇耻大辱,至今也不能忘却。作为国家臣子的愤恨,何时才能消失!我要驾着战车向贺兰山进攻,连贺兰山也要踏为平地。我满怀壮志,发誓喝敌人的鲜血,吃敌人的肉。待我重新收复旧日山河,再带着捷报向朝廷报告胜利的消息。

岳飞生活的时代,正是中原地区遭受女真奴隶主贵族的铁骑践

踏和蹂躏的岁月。岳飞的母亲,在岳飞报名参军、准备去打击金朝的侵略军时,拿一根绣花针在岳飞背上刺下"精忠报国"四个血字,并对岳飞说:"飞儿,别忘了你背上的四个字。等到杀尽金贼,再回来见我!"所以说,岳飞的爱国情,是从小铸就的。

今天,我们生活在一个独立、强大的国度里,这一切,是许许多多像岳飞这样不畏强权、勇于抗争的爱国者带给我们的。我们应该珍惜这来之不易的和平时代,勤奋学习,多为祖国作贡献。只有祖国强大了,我们的生活才会更美好。

1. 你能背诵《满江红》这首词吗?
2. 岳飞的母亲在岳飞背上刺了哪几个字?是什么意思?

杜 甫

忆 年

忆年十五心尚孩,

健如黄犊走复来。

庭前八月梨枣熟,

一日上树能千回。

    这是我国唐代大诗人杜甫写的一首回忆儿时生活的诗。它的意思是：想当年，年方十五，童心未泯还像个小孩子一样，身强体健像初生的黄牛犊，来来去去健步如飞。八月来临，梨子枣儿都熟透了，一天里不知要上树采果子多少回。原来，杜甫小时候成天埋头读书做文章，很少运动，弄得身体虚弱，骨瘦如柴。后来他到了二姑母家，二姑母让他在读书写诗之余，学习舞剑，还同小伙伴们一起爬树。由于注意全面发展，他的身体逐渐强健起来。可是，回家后父亲认为儿子耽误了学习，有些不高兴。后来，父亲检查了他的功课，发现在儿子读过的书中有密密麻麻的批注，诗文也长进了不少，才转嗔为喜。

    原来，读书和锻炼身体不仅可以并行不悖，还可以互助前行啊！

小朋友,你在努力学习文化知识之外,是否也要注意锻炼身体呢?要知道,身体是一切的基础,没有强健的体魄,学习就会难以继续,工作也干不好。所以,从小时候开始,我们就要养成良好的习惯,不要长时间看书,也不要长时间玩电脑,每天都要抽出时间来做一些简单的体育锻炼!

1. 杜甫经常练剑、爬树,这影响功课吗?
2. 你是怎样处理读书和锻炼身体之间的关系的?

苏 轼

赤壁怀古

大江东去,浪淘尽,千古风流人物。故垒西边,人道是,三国周郎赤壁。乱石穿空,惊涛拍岸,卷起千堆雪。江山如画,一时多少豪杰。

遥想公瑾当年,小乔初嫁了,雄姿英发。羽扇纶巾,谈笑间,樯橹灰飞烟灭。故国神游,多情应笑我,早生华发。人生如梦,一尊还酹江月。

背后的故事

　　这是宋代大文豪苏轼写的一首词,也是他的代表作之一。苏轼才华出众,又有志为国家建功立业,但遭人陷害,被贬黄州。幸而他为人心胸豁达,所以没有消沉下去,在畅游长江时写下了这篇千古名作。上阕写景,描绘了万里长江及其壮美的景象。下阕怀古,追忆了功业非凡的英俊豪杰,抒发了热爱祖国山河、羡慕古代英杰、感慨自己未能建功立业的思想感情。

　　词的大意是:长江朝东流去,千百年来,所有才华横溢的英雄豪杰,都被长江滚滚的波浪冲洗掉了。那旧营垒的西边,人们说那就是三国时周郎大破曹兵的赤壁。陡峭不平的石壁插入天空,惊人的巨浪拍打着江岸,卷起千堆雪似的层层浪花。祖国的江山啊,那一时期

该有多少英雄豪杰！遥想当年，小乔刚刚嫁了过来，周公瑾雄姿英发，手摇羽扇头戴纶巾，谈笑之间，曹操的无数战船就在浓烟烈火中烧成了灰烬。神游于故国（三国）战场，可笑我多愁善感，以致过早地长出白发。人生犹如一场梦，还是洒一杯酒献给江上的明月，和我同饮共醉吧！

　　这首怀古词兼有感奋和感伤两重色彩，但篇末的感伤色彩掩盖不了全词的豪迈气概。词中写江山形胜和英雄伟业，这在苏轼之前从未出现过，因此这首词历来被看作是苏轼豪放词的代表作，不但词的气象、境界凌厉无前，而且大声铿锵，需要铜琵琶、铁绰板来伴唱。这对于原来只宜红牙拍板、女儿歌喉的传统词坛来说，确实是一个重大的突破。

1.你能说说《赤壁怀古》的大意吗？
2.苏轼为什么要用酒祭奠古代的英雄？

李白与王羲之

民　谚

只要功夫深,

铁杵磨成针。

要想字写好,

熟方能生巧。

　　这首谚语的头两句是比喻只要有决心,肯下功夫,多么难的事也能够成功。这里面还有一个小故事呢!传说,我国唐朝的著名诗人李白小时候不喜欢读书,一天,趁老师不在屋,他悄悄溜出门去玩儿。他来到山下小河边,看见一个老婆婆在石头上磨一根铁杵。李白很纳闷,上前问:"老婆婆,您磨铁杵做什么?"老婆婆说:"我在磨针。"李白吃惊地问:"哎呀!铁杵这么粗大,怎么能磨成针呢?"老婆婆笑呵呵地说:"只要天天磨铁杵,总能越磨越细,还怕磨不成针吗?"

　　聪明的李白听后,想到自己,心中惭愧,转身跑回了书屋。从此,他牢记"只要功夫深,铁杵磨成针"的道理,发奋读书,终于成为伟大的诗人,被后人称作"诗仙"。

后两句讲的是另一个故事。我国的书圣王羲之,他的毛笔字写得可好啦。他是怎样成为书圣的呢?小朋友,你听听下面的故事就明白啦。王羲之从小练字就很刻苦,有一次,他在书房里一面专心致志地练字,一面吃饺子。妈妈进来一看,乐坏了,只见王羲之一面练字,一面将水饺蘸着墨汁吃,把嘴都染黑了。他为什么将饺子蘸墨汁吃呢?原来,他错把墨汁当蒜泥啦。他还对妈妈说:"这饺子和蒜泥真好吃!"

可见,一个人只要专心致志地做一件事,日积月累,就会有所成就。小朋友,你平常有什么兴趣爱好呢?坚持下去,相信你一定会成功的!

1.李白是从小就勤奋学习么?
2.王羲之为什么将饺子蘸墨汁吃呢?

王 冕

墨 梅

吾家洗砚池头树，

朵朵花开淡墨痕。

不要人夸好颜色，

只留清气满乾坤。

背后的故事

这是我国元代大画家王冕写的一首诗。传说王冕的家门前有一个池塘，春夏之交，莺啼燕语，蛙鸣蝉噪，景物宜人。这个池塘就是王冕每天来洗刷笔砚的场所，久而久之，清澈的池水变成了墨色。（王冕以晋代大书法家王羲之为榜样，称其池塘如王羲之的洗砚池一样）

此诗表达了王冕以梅花为榜样，在人世纷繁的社会里，"傲霜斗雪""只留清气满乾坤"的志向。王冕出身清贫，小时候是个"放牛娃"，后发奋读书习画，成为画家，以画墨梅著称于世。在元末乱世之中，他隐居九里山，以卖画为生，当时官府找他做官均被谢绝。他爱好穿着宽大的衣服，带着高高的帽子，骑着牛在湖边散步。

这是一首语言质朴、不同一般的题画诗。梅花是彩色的，不会因为墨池水的浇灌而变成黑色，显然，这墨梅不是现实中所有，而是出自诗人之笔。同时，这也不是对梅花外表之美的描摹，而是诗人对梅花品格的赞美。试想，那傲霜斗雪的梅花，即便没有那娇艳的颜色，它那不屈不挠的斗争精神和凌寒独自开的高洁品格不照样值得我们去歌唱、去赞美吗？这同诗人自己不畏权贵、蔑视功名利禄的高洁情怀是多么相似！所以，在诗人看来，他画笔之下的梅花不需要有美丽的颜色，只要能长久保留住它的清香之气就够了。这是诗人对梅花精神的独特体会，也是这首诗的高妙之处。

1. 王冕是怎样从放牛娃变成画家的？
2. 王冕画的墨梅好在哪里？

夏完淳

观书有感

半亩方塘一鉴开,

天光云影共徘徊。

问渠那得清如许?

为有源头活水来。

这是南宋著名学者朱熹写的一首诗。前两句写的是景,半亩大的方形池塘像一面镜子一样被打开,清澈明净,天空的光彩和浮云的影子一起映入水塘,不停地闪耀晃动。后两句由景色联想到一些人生哲理,"要问那方塘的水为何会这样清澈呢?是因为有那永不枯竭的活水不断从源头流来啊。"其实,这首诗讲的是通过读书或其他学习方式,人们能增长知识,明辨事理。生命不息,学习不止,要让知识像源源不断的泉水一样滋润我们的头脑和心灵。

明末民族英雄夏完淳便是通过读书增长知识、提升人格而成才的。夏完淳的父亲夏允彝为江南名士,与夏完淳的老师陈子龙创立了"几社"(与"复社"相应)。夏完淳受父亲影响,矢志忠义,崇尚

名节。他天资聪颖,5岁就能背诵《五经》,6岁能写议论古人的文章,7岁学会了写诗填词,9岁写出《代乳集》。允彝出游远方,常带完淳在身边,让他阅历山川,接触天下豪杰。而夏完淳又拜陈子龙为师,在写文章方面有了很大的提高。夏完淳14岁便成为一支抗清义军的首领,在太湖一带坚持抗清斗争。后来由于叛徒出卖,他不幸被俘。1647年,这位年仅17岁、才高志大的少年英雄,在南京慷慨就义。夏完淳不仅为后世留下了370多篇诗文,还是我们做人的楷模。

1. 你知道《观书有感》一诗的含意吗?
2. 夏完淳为后世留下了什么?

曹雪芹

寄怀曹雪芹

劝君莫弹食客铗，

劝君莫叩富儿门。

残羹冷炙有德色，

不如著书黄叶村。

背后的故事

  这是清代学者敦诚写的一首诗，鼓励清代大作家、名著《红楼梦》的作者曹雪芹在贫病交加的困境中，不屈不挠，以写出伟大的作品来。敦诚写这首诗时只有24岁（他小曹雪芹约十岁），感时抚事，念别怀人，笔笔雄深，句句雅健，以大方沉着的线条替曹雪芹勾勒出一幅"画传"。全诗共有18句，他先从曹雪芹的源流谱系、家世生平写起："少陵昔赠曹将军，曾曰魏武之子孙。君又无乃将军后，于今环堵蓬蒿屯。扬州旧梦久已觉，且著临邛犊鼻裈。爱君诗笔有奇气，直追昌谷破篱樊。"诗句从魏武子孙说起，曹雪芹有可能是魏武曹操之后。接下来两句写了曹雪芹家族遭到变故以后，他的贫困有如当年司马相如在四川临邛时一样，穷到穿犊鼻裈的地步。但是敦诚认为，

人生榜样 045

曹雪芹的诗文如李贺诗那样富有新奇意象且有突破。"当时虎门数晨夕,西窗剪烛风雨昏。接䍦倒著容君傲,高谈雄辩虱手扪。"接着敦诚又回忆当年与曹雪芹在宗学探讨问题的时光和旧事,雪芹那种狂放不羁、雄辩高谈的神情气度,给年少的敦诚留下了永难忘却的印象。上面我们节选的是整首诗的最后四句,敦诚规劝曹雪芹,虽然生活贫苦,也不要丢了气节,去做达官贵人的食客,那样还不如隐居山林,立志著书。

这首诗写出了曹雪芹的性格才情、胸襟气度以及艰苦的家庭生活和异常艰难的写作。展读此诗,为之感动,可以当作曹雪芹的碑传来读。后来,经历了人生大起大落的曹雪芹,并未颓废丧志,反而激起了要用文学反映历史的强烈愿望,写出了伟大的文学名著《红楼梦》的前80回。

1.曹雪芹是在什么环境中写作《红楼梦》的?
2.《红楼梦》的原名叫什么?

郑 燮

竹 石

咬定青山不放松,

立根原在破岩中。

千磨万击还坚劲,

任尔东西南北风。

这是清代著名大画家郑燮（号板桥）题在竹石画上的诗。古人喜欢在绘画作品上题字，以此来进一步提升画的意境或是表达自己的志向。本诗的大意是：竹子抓住青山一点也不放松，它的根紧紧地伸进破裂的岩缝中。竹子经历了许许多多的折磨和打击，仍然坚挺不倒，任你吹东西南北风，都是如此。

郑板桥是江苏兴化人，生于清康熙三十二年（1693）。父亲郑立庵是县私塾教师，教授几百名学生。郑燮自幼随父亲读书，爱读历史书和诗词文集，博学强记，所读的书都能背诵。做官以后，他爱民如子，对民事处理公正，12年没有一件冤案。郑燮为官清廉，后来因老病罢官客居扬州，身无长物，只有寥寥几卷图书，便以卖画为生。

郑板桥为"扬州八怪"之一,其诗、书、画被世人称为"三绝"。他的书法糅合隶书、楷书,自成一体,自号"六分半书",后人称之为"板桥体"。他画竹也是一绝。郑板桥用画用诗颂扬竹子的坚韧性格,其实是以物喻人,以竹石言志。他认为,人应该有竹石一样的志气和坚韧的性格,无论遇到什么折磨和打击,也无论社会上吹起什么歪风,只要立定脚跟,咬定做人的根本原则不放,就能够昂然挺立于人间,永不倒下。

这首诗的语言简洁明快又执著有力,具体生动地描述了竹子生在恶劣环境下,长在危难中,又自由自在、坚定乐观的性格。竹子在破碎的岩石中扎根,经受风霜雨雪的击打,但它就是"咬定青山不放松"。一个"咬"字,写出了竹子的顽强。最后一句中的一个"任"字,又写出了竹子无畏无惧、慷慨潇洒、积极乐观的精神面貌。

1. 你能背诵郑板桥爷爷的《竹石》诗吗?
2. 郑板桥爷爷希望一个人具有怎样的品格?

林则徐

柬全小汀

蓬山俦侣赋西征,
累月边庭并辔行。
荒碛长驱回鹘马,
惊沙乱扑曼胡缨。
但期绣陇成千顷,
敢惮锋车历八城。
丈室维摩虽示疾,
御风仍喜往来轻。

背后的故事

　　这是我国清代鸦片战争时期民族英雄林则徐被贬到新疆后赠送给朋友全小汀的一首诗。林则徐（1785—1850），清末政治家，福建侯官（今福州）人。曾主持修治黄河，后又修治白茆、浏河等水利。道光十七年（1837）任湖广总督，禁止人们吸食鸦片，卓有成效。与总督邓廷桢协力查办鸦片走私，严令英美烟贩缴出鸦片200多万斤，在虎门当众销毁。并积极筹备海防，倡办义勇，屡次打退英军武装挑衅。第一次鸦片战争惊破了大清帝国的天朝大梦，屈辱的城下之盟使林则徐成了道光皇帝昏聩蒙昧决策的替罪羊，他被革职查办，流放伊犁。但艰苦的环境并没有磨灭林则徐的意志，他在诗中说：我和你在天山结成伴开垦荒地，只是希望改造出良田千顷，哪怕需要跑过八

处城池。我在这小小的屋子里给你写信,虽然得了点小病不能行动,但仍然渴望那些乘着风儿骑马驰骋、来往轻捷的日子。1850年,林则徐被重新启用,赴广西监督军务,但在路过潮州时就病死了。这首诗表现了英雄打了胜仗却被罢官,贬到新疆后不怨不悔不消极,努力在边疆为民为国谋福利,抒发了英雄落难不落魄的积极奋斗精神。林则徐以自己的功绩和人格为我们树立了一座丰碑,就像虎门销烟一样,为太过黯淡凄惨的中国近代史添上了一抹光彩夺目的亮色。他是中华民族的真正脊梁!

1. 林则徐爷爷是如何面对困境的?
2. 你如何学习林则徐爷爷落难不落魄的精神?

谭嗣同

狱中题壁

望门投止思张俭,

忍死须臾待杜根。

我自横刀向天笑,

去留肝胆两昆仑。

背后的故事

　　这是我国清代为变法维新、强国富民而就义的著名政治家谭嗣同写的一首诗。这首诗是在变法维新运动失败后,他被捕入狱临刑前写的。1898年,以康有为为首的改良主义者通过光绪皇帝所进行的资产阶级政治改革,是中国清朝光绪年间的一项政治改革运动。但这次运动遭到以慈禧太后为首的守旧派的强烈反对,这年九月慈禧太后等发动政变,光绪被囚,维新派康有为、梁启超分别逃往法国和日本,谭嗣同等六人(戊戌六君子)被杀害。历时一百零三天的变法终于失败,因此戊戌变法也叫百日维新。

　　这首诗的大意是:我的老友康有为,你在变法失败后仓皇出逃,我多么思念你啊!我不肯逃走,宁愿像东汉时的杜根(他因为上书朝廷被装入布袋打得装死三日），忍死片刻，以待来年。即便要砍我的头，我也会面对屠刀仰天大笑。无论生死，我们都光明磊落，像昆仑山一样高大雄伟。1898年，谭嗣同被守旧顽固势力的首领慈禧太后下令处斩。这首诗中，一个怀着信念和先进理想、为强国富民而奔走呼号最后献身的形象尤为鲜明动人，令人荡气回肠。

1. 你能说说《狱中题壁》一诗的大意吗？
2. 谭嗣同是哪一年牺牲的？

宋教仁

秋　晓

旅夜难成寐，
起坐独彷徨。
月落千山晓，
鸡鸣万瓦霜。
思家嫌梦短，
苦病觉更长。
徒有枕戈意，
飘零只自伤。

背后的故事

　　这是中国近代革命家、为中国民主宪政而献身的宋教仁写的一首诗。宋教仁(1882—1913)，湖南桃源县人。同盟会成立时，任司法部检事长。南京临时政府成立时，任法制院总裁。国民党成立时，任理事。后来，宋教仁被孙中山委任为代理理事长，成为国民党的实际领袖。1913年3月20日晚，宋教仁突然遭到歹徒枪击，经抢救无效，于3月22日逝世。宋教仁遇难，全国震惊，孙中山于3月25日专程从日本赶回上海，并题写挽联："作民权保障，谁非后死者；为宪法流血，公真第一人。"

　　宋教仁在发动推翻清帝国的湖南起义失败后，流亡到了日本，在日本写下了这首《秋晓》。诗的大意是：流亡在异国他乡的夜晚，辗转反侧难以入眠。月亮下山了,千山迎来天亮;公鸡报晓时,人家的瓦上一片银霜。想家的时候觉得梦太短,贫苦生病的时候觉得夜晚格外长。可惜我空有杀敌报国的志向,漂泊零落在这里,只有独自悲伤。宋教仁在写此诗的前几天,还写有《思家》五律一首,内有"去国已三载,思家又一秋"这样一句,可见诗人去国伤怀之情,从一离开祖国的那天起迄今已有三年之久,蓄之既久,念之愈深。三年光阴,倏忽而逝,但国内依旧由清廷统治,实业不兴,自由不存,民不聊生,国将不国,对此宋教仁自然感到十分痛心。故国什么时候才能如旭日东升,乡亲父老什么时候才能解放翻身,自己什么时候才能不再在异国横遭白眼?后来,他因反对袁世凯复辟帝制而被暗杀,为保卫民主宪政而献身。

1. 宋教仁为何独自悲伤?
2. 宋教仁的报国志实现了吗?

孙中山

孙中山
清朝统治太黑暗,
太平天国造了反。
广东出个孙中山,
从小要学洪秀全。
少年立下凌云志,
奔走革命四十年。
推翻清朝小皇帝,
建立民国新政权。
（崔英）

背后的故事

孙中山,本名孙文,于1866年11月12日出生在广东省香山县农民之家,为家中季子。七岁时入私塾,接受传统教育。1879年,孙中山受长兄孙眉接济,随母乘轮船赴夏威夷学习,1881年毕业,获夏威夷王亲颁英文文法优胜奖。之后进入当地最高学府——美国教会学校"奥阿胡学院"（Oahu College）（相当于中学程度）继续学业。1887年进入香港西医书院（香港大学的前身）,1892年7月以首届毕业生中第二名的成绩毕业,并获当时香港总督威廉·罗便臣亲自颁奖。之后他在澳门、广州等地行医。

孙中山是近代民主革命家、中国国民党创始人、三民主义的倡导者,首举彻底反封建的旗帜。他也是我国伟大的政治家,领导中国人

民推翻了清朝的封建统治。1911年辛亥革命后中华民国建立,他被推举为中华民国临时大总统。1925年3月12日,孙中山因肝癌在北京逝世,陵墓位于南京中山陵。1940年,国民政府通令全国,尊称其为"中华民国国父"。

　　孙中山小时候特别喜欢听故事。在许多故事中,对孙中山影响最大的是太平天国的故事。一个夏天的傍晚,小中山在榕树下听完冯爽观爷爷讲的清军大将曾国藩被洪秀全打败后被逼跳水的故事后,突然冒出一句:"要是当时洪秀全灭了曾国藩就好了。"冯爽观老人听了,突然像发现了什么宝贝似地抓住孙中山的手说:"你长得很像洪秀全,你长大了也当洪秀全吧。"果然,长大后的孙中山走上了领导全中国人民革命推翻腐朽的清朝政权的道路。孙中山常说"要立志做大事,不要立志当大官",可见他满怀理想,不注重个人享受,是我们每个小朋友学习的榜样。

1.对孙中山影响最大的是什么故事?
2.孙中山听了故事后立下了什么志向?

毛泽东

毛泽东
浏阳河，湾连湾，
弯弯曲曲到韶山。
韶山出个毛泽东，
从小是个好少年。
书本挂在扁担上，
学习劳动两不闲。
井冈山上红旗展，
开创人民新纪元。
（崔英）

背后的故事

毛泽东（1893—1976），新中国的缔造者，国际共产主义运动卓越的领导者，政治家、军事家。毛泽东1893年12月26日生于湖南湘潭韶山冲一个农民家庭，1976年9月9日在北京逝世。毛泽东被人们视为现代世界历史中最重要的人物之一，《时代》周刊将他评为20世纪最具影响的100个人物之一。

毛泽东的青少年时代是在工读结合中度过的。毛泽东13岁至15岁时停学在家劳动，他一边劳动，一边自学。一天上午，毛泽东往地里送了五六担粪肥后，坐在地旁的一棵树下看书。这时，父亲来检查他和长工的劳动情况，看到毛泽东没干活在读书，骂儿子只知道偷懒不干活。毛泽东大声抗辩道："不!父亲，您冤枉我了。"父亲本来

还要指责他,但看到毛泽东一天送十几担粪到地里,还要抓紧时间看书,半天说不出话来。

　　毛泽东既爱读书,又爱劳动的品格影响了他的一生。他领导红军进行艰苦卓绝的二万五千里长征;他领导八路军、新四军在抗日战争时期坚持敌后抗战,为中国抗战的胜利作出了不可磨灭的贡献。

1.毛泽东是如何做到干活、读书两不误的?
2.毛泽东的父亲为什么批评毛泽东?

邓小平

北斗星

北斗星，放光明，
中国出个邓小平。
少年壮志涉重洋，
勤工俭学学本领。
走遍法国吃尽苦，
学会本领回祖国。
设计蓝图搞改革，
好像天空指路灯。

儿歌

背后的故事

邓小平（1904—1997），四川省广安县人，伟大的无产阶级革命家、政治家、军事家、外交家、中华人民共和国开国元勋之一，同时也是中国人民解放军、中华人民共和国的主要领导人之一。他创立了邓小平理论，所倡导的"改革开放"及"一国两制"政策理念，改变了20世纪后期的中国，也影响了世界，因此在1978年和1985年两次当选《时代》周刊"年度风云人物"。

1920年夏，邓小平远赴法国勤工俭学。到了法国后，严峻的生存环境使他不得不花大量的时间去做工。两年后，他参加中国社会主义青年团，1924年成为中国共产党党员。1926年，他初到苏联，在莫斯科中山大学学习。邓小平一直坚持学习，因为他心中有一个梦想，

那就是祖国的强大和富强。在艰苦的环境里,他学到了许多有用的东西,后来回国都派上了用场。在生活中,邓小平还是个桥牌好手,打牌时虽然不爱赌钱,但是非常守规矩,输了也能和其他人一样钻桌子。世界著名桥牌冠军杨小燕说:"在牌桌旁,可以感到邓是一个伟人。他的打牌技术是又稳又精。"

邓小平爷爷是中国社会主义改革开放和现代化建设的"总设计师",中国今天的成就有目共睹,他无疑起了重要甚至是决定性的作用。

1.邓小平爷爷为什么要出国留学?
2.邓小平爷爷的愿望实现了吗?

周恩来

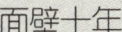

面壁十年

大江歌罢掉头东，

邃密群科济世穷。

面壁十年图破壁，

难酬蹈海亦英雄。

　　这是长期担任中国总理的周恩来爷爷少年时代写的一首诗，诗中表达了自己东渡日本学本领，以图将来挽救国家危亡的少年壮志。

　　周恩来青年时代在天津南开学校学习，后来在南开中学发起组织了"敬业乐群会"，以救国救民、振兴中华为己任。他是"敬业乐群会"的发起者和主要创始人，却极力推荐另一个创始人担任会长，自己担任副会长，表现了谦虚大度和不求名利的优秀品质。他的一生都在实践南开校长张伯苓的教诲：不求做官，只图为民服务。

　　中学毕业后，周恩来赴日本求学，开始接触马克思主义，这时他的思想发生了重要转折。1919年他回国，在五四运动中成为天津学生界的领导人，并与运动中的其他活动分子共同组织进步团体"觉悟社"。

　　1920年,周恩来怀着对真理的渴望,搭乘法国波尔多斯号邮轮启程,赴欧洲勤工俭学。1921年,周恩来加入中国共产党,坚定了共产主义的信仰。

　　周恩来以其人格魅力受到全国人民的尊敬。周恩来去世后,遵其遗嘱,遗体火化,不保留骨灰,骨灰撒到北京密云水库、天津海河入海口及黄河入海口。灵车经过天安门广场的时候,自发组织起来悼念周恩来的上百万群众聚集在道路两边,即著名的"十里长街送总理"。中国大陆各地举行了广泛的自发纪念活动。仅仅几天时间,北京人民英雄纪念碑下就放满了群众敬献给周恩来的花圈。

1. 你知道周恩来爷爷的诗"大江歌罢掉头东"表达了什么志向吗?
2. 你知道周恩来爷爷为什么受到全国人民的尊敬吗?

鲁 迅

《故乡》精彩片段

希望是本无所谓有，

无所谓无的。

这正如地上的路；

其实地上本没有路，

走的人多了，

也便成了路。

背后的故事

鲁迅（1881年9月25日—1936年10月19日），原名周樟寿，1898年改为周树人，笔名鲁迅。鲁迅是20世纪中国重要作家，新文化运动的领导人，左翼文化运动的支持者。鲁迅的作品包括杂文、短篇小说、评论、散文、翻译作品，这些作品对于五四运动以后的中国文化与中国文学产生了深刻的影响。毛泽东评价他是伟大的无产阶级文学家、思想家、革命家，是中国文化革命的主将，也被人民称为"民族魂"。鲁迅先生的小说、散文、诗歌、杂文共数十篇被选入中小学语文课本。（其中《少年闰土》就入选人教版小学语文六年级上册）

鲁迅先生出生在浙江绍兴，他幼年时家庭屡遭不幸，丧父后生活贫苦，就靠母亲和姐姐帮人洗衣服维持生计。16岁时，他离开家乡绍

兴,到广阔的天地去闯世界,寻找救国救民之路。1902年,他去日本留学,原在仙台医学院学医。有一次,在上课前放映的幻灯片中,鲁迅看到一个中国人为俄国人做侦探,被日本军队捉住杀头,一群中国人却若无其事地站在旁边看热闹。鲁迅受到极大的刺激。这时他认识到精神上的麻木比身体上的虚弱更加可怕,要改变中华民族在世界上的悲惨命运,首要的是改变中国人的精神,而能改变中国人精神的,首先是文学和艺术。与其医治国民的身体,不如先医治国民的灵魂,于是鲁迅弃医从文,开始从事文学工作,希望用以改变国民的精神。

　　上面节选的是他写的小说《故乡》中的一个片段,抒发他回乡所见所闻后生出的感叹。

1. 鲁迅为什么弃医从文?
2. 文学在塑造人的"灵魂"中能起到什么作用?

巴 金

咱俩好

哥哥送我一颗栗，

我送哥哥一个枣。

骑竹马，藏猫猫，

小的跟着大的跑。

不凌弱，不欺小，

拉拉钩钩咱俩好。

（崔英）

背后的故事

　　巴金（1904年11月25日—2005年10月17日），原名李尧棠，四川成都人，现代文学家、出版家、翻译家，同时被誉为五四新文化运动以来最有影响力的作家之一，是20世纪中国杰出的文学大师、中国当代文坛巨匠。1982年4月2日，巴金获得国际但丁文学奖。巴金最著名的作品是长篇小说《家》《春》《秋》。巴金的小说以同情弱者著称，这与巴金自小就同情弱小有关。巴金小的时候，看见自家的厨子正在杀鸡，带着少年的童真跑过去一看，发现那是他最喜欢的一只大花鸡，这使他感到伤心、困惑和不解。可鸡已经死了，也来不及阻止。只是使他更加气愤的是，他的大花鸡变成了桌上的佳肴。于是他对家人说："我不吃鸡。"并且质问母亲："为什么做了鸡就应该被人杀了做菜呢?"

巴金说过,大哥是他爱得最深的人,三哥是最关心他的人。巴金还说,他们三兄弟的共同之处,就是愿意多为别人着想,多付出一点。《巴金的两个哥哥》收录了巴金讲述他两位哥哥的多篇文章和哥哥给巴金的信件,还有亲朋好友撰写的回忆文章。在这些充满真情的文字中,读者感受到的不仅是巴金三兄弟的手足之情,更是那抹不去的人与人之间的真情。

1. 巴金爷爷的小说以什么著称?
2. 巴金爷爷为什么不吃鸡肉?

冰 心

繁星（片段）

知识的海中，
神秘的礁石上，
处处闪烁着怀疑的灯光呢。
感谢你指示我，
生命的舟难行的路。

冰心(1900—1999)，福建长乐人，原名谢婉莹，冰心是她为写作取的笔名，取"一片冰心在玉壶"之意。冰心被称为"世纪老人"，也是现代著名诗人、作家、翻译家、儿童文学家，曾任中国民主促进会中央名誉主席、中国文联副主席、中国作家协会名誉主席、中国翻译工作者协会名誉理事等职。上面节选的是冰心写的《繁星》集中的一段。她的作品充满了对老百姓的同情、对旧社会的愤懑和对美好人生的追求。她写的儿童文学作品《小桔灯》影响了几代人。

冰心出生于福州一个海军军官家庭，父亲谢葆璋参加过甲午海战和抗击日本侵略军的战争，后在烟台创办海军学校并出任校长。四岁时冰心和全家一起迁往山东烟台，此后很长时间便生活在烟台

的大海边。大海陶冶了她的性情,开阔了她的心胸,父亲的爱国之心和强国之志也深深影响着她。

冰心小时候是个喜欢听人讲故事的小姑娘。她的小舅舅是最受她和她的小伙伴欢迎的人。她们为什么欢迎小舅舅呢?原来,小舅舅最会讲故事,讲得有声有色,比如林则徐烧鸦片啦,洪承畴卖国呀,讲得慷慨激昂。小冰心和小伙伴们听了后常常激动得睡不着觉。在海浪、舰甲、军营中冰心度过了着男装、骑马、射击的少年生活。中华民族饱受列强欺凌的屈辱历史,更激发了她的爱国之情。

1921年冰心加入文学研究会,这时作品多围绕着母爱、童心、对人生的感悟和自然四大主题,构筑了冰心思想最主要的东西——爱的哲学,代表作有《超人》《烦闷》《繁星》《春水》等。年近九旬时,冰心还发表了《我请求》《我感谢》《给一个读者的信》等作品,都是用正直、坦诚之心,表示了她对祖国、对人民深沉的爱。她身体力行,先后为家乡的小学、全国的希望工程、中国农村妇女教育与发展基金和安徽等灾区人民捐出稿费十余万元,捐出自己珍藏的大量书籍、手稿、字画,带头成立了"冰心文库"。冰心作为民间的外交使者,经常出访,足迹遍布全球,把中国的文学、文化和中国人民的友好情谊带到世界各个角落。

1. 冰心奶奶小时候最喜欢听什么故事?
2. 小舅舅讲的故事同冰心奶奶后来成为作家有关系吗?

郭沫若

月儿走

月儿走,我也走,

月儿叫我提烧酒。

烧酒很好吃,

月儿不给我。

　　郭沫若(1892年11月16日—1978年6月12日),幼名文豹,原名开贞,中国新诗的奠基人之一、中国历史剧的开创者和奠基人之一、中国唯物史观史学的先锋、古文字学家、考古学家、社会活动家、甲骨学四堂之一、第一届"中央研究院"院士。郭沫若1897年春入家塾读书,习读《诗经》《唐诗三百首》,他最喜欢的诗人是王维、孟浩然、李白。郭沫若是四川乐山人,那里盛产"儿歌",上面这首儿歌就是他小时候最喜欢的儿歌之一。他的母亲虽然没读过什么书,却熟背唐诗宋词,会唱许多儿歌,也经常教小郭沫若,因此郭沫若三四岁时就能吟诵诗歌,唱儿歌了。他特别喜欢唱"翩翩少年郎,骑马上学堂;先生嫌我小,肚里有文章"这首儿歌,渴望自己快快长大,上学读

书。郭沫若四岁多的时候,这个小小少年郎便实现了自己的愿望,上学读书了。

1925年,郭沫若在上海结识了中国共产党早期领导人瞿秋白,目睹了五卅惨案实况,后经周恩来、李一氓介绍加入中国共产党。1937年抗日战争爆发,郭沫若只身归国参加抗战,在上海主办《救亡日报》,组织文化宣传队、战地服务团赴前线劳军,在周恩来的直接领导下从事抗战文化工作。

1.你会唱哪几首儿歌?
2.儿歌与郭沫若少年成才有什么关系?

艾 芜

人生哲学的一课
（片段）
昆明这都市，
罩着淡黄的斜阳，
伏在峰峦围绕的平原里，
仿佛发着寂寞的微笑。
从远山峰上下来的我，
右手夹个小小的包袱，
在淡黄光霭的向西街道上，
茫然地踯躅。

艾芜（1904—1992），原名汤道耕，四川新都人，中共党员，著名作家，全国第一、二、三届人大代表。艾芜1921年考入成都省立第一师范学校，1925年因不满学校守旧的教育和反抗旧式婚姻而离家南行。这次漂泊，决定了这位"流浪文豪"此后的文学生涯。艾芜漂流于云南边疆、缅甸和马来西亚等地，当过小学教师、杂役和报纸编辑，1932年参加左翼文联，从事专业创作，任重庆大学中文系教授。1949年后历任重庆市人民政府委员、文化局长，四川省文联临时党组成员、省作协筹备组组长。

上面的文字摘选自他的短篇小说《南行记》，这个片段真实地反映了经过在四川、云南、缅甸大山中流浪的艾芜在下山后来到大城市的切身感受。那时,他这个从成都师范学校毕业后独自离家闯天下的游子,一文不名。他卖掉草鞋,买了烧饼充饥,才恢复了活气。艾芜走上文学道路后,那一段流浪生活成了他创作取之不尽、用之不竭的源泉,所以他的作品大都反映西南边疆和缅甸等地下层人民的苦难生活及其自发的反抗斗争,开拓了新文学创作的题材领域。他所描写的传奇故事,具有特异性格的人物和边地迷人的绮丽风光,使作品充溢着抒情气息和浪漫情调。他作品中的赶马人、偷马贼、抬滑竿的、偷卖鸦片的,都取自于亲历的体验,这使得艾芜的《南行记》成为留给人类的一份宝贵的文化遗产。

1. 你能背诵《南行记》"人生哲学的一课"中的这个片段吗?
2. 艾芜爷爷写作的源泉是什么?

詹天佑

詹天佑

中国有个詹天佑,

发明火车自挂钩。

节节车厢自动挂,

原名就叫"詹天佑"。

詹天佑,江西省婺源县人,中国近代铁路工程专家,也是中国最早的工程师。他这一生最大的贡献,就是成功修建了京张铁路。这条铁路穿山越岭,全长200多千米,工程之艰巨前所未有。在修建过程中,他亲自勘察,选定路线,在北京青龙桥东沟,采用人字形路线,用两台大马力机车调头互相推挽的办法,解决坡度大机车牵引力不足的问题;又与工人一起,采取各种措施,解决隧道工程中渗水、塌方等困难。京张铁路于1909年竣工,比原计划提前两年,总费用只有外国承包商索价的五分之一。其中,车厢自动挂钩是詹天佑的一项重大发明。

詹天佑小时候喜欢听爸爸讲民族英雄林则徐的故事,听完故事,

他为中国在鸦片战争中吃败仗很是愤愤不平。他问爸爸,中国人为什么打不赢外国人?爸爸说,因为外国人有洋枪、洋炮、洋机器。詹天佑又问爸爸:"爸爸,要是咱中国有了很多很多机器,造了很多很多的洋枪、大炮和军舰,就可以不怕洋鬼子了,是吧?"爸爸肯定地点了点头。于是詹天佑攥着小拳头庄严发誓:"我长大了要造机器!"1872年,詹天佑考取了清政府选派的幼童出洋团队,赴美国留学。后来,他进入耶鲁大学土木工程系,专习铁路工程。毕业后回国,他实现了当年的诺言,为祖国修建了又多又好的铁路。

1. 为什么没有洋枪、洋炮,中国人就打不赢外国人?
2. 詹天佑为什么要立志"造机器"?

杨振宁与李政道

好消息
风婆婆，
送风来，
好消息，
传过来。
杨振宁，
李政道，
登上诺贝尔的领奖台。

1957年10月31日，美籍华裔物理学家杨振宁、李政道荣获本年度的诺贝尔物理学奖。

杨振宁是美国哥伦比亚大学教授、美国国家科学院院士、中国科学院首批外籍院士，曾任全美华人协会会长；李政道是美国普林斯顿大学教授、美国国家科学院院士、中国科学院首批外籍院士。他们两人合作，于1956年共同提出弱相互作用中的宇称不守恒原理，从而获得诺贝尔物理学奖，也成为最早获得这一荣誉的中国人。

杨振宁1922年出生于安徽合肥，幼年时在清华园度过了8年的美好时光。1945年，杨振宁留美公费学习，攻读博士学位。李政道1926年出生于上海，他小时候就很喜欢读书，20岁时被芝加哥大学

研究生院录取为博士研究生,30岁时升任哥伦比亚大学教授。他亲身体会到科学人才必须从小培养,因而建议在中国科技大学开设少年班,得到采纳。

　　加入美国籍的杨振宁始终无法忘记自己的祖国。1971年,杨振宁回到阔别26年的祖国进行访问。2004年11月初,杨振宁获得了在华永久居留证。回国之后,杨振宁除了参加清华高等研究中心的研究工作之外,还亲自担任大学一年级本科生的基础物理课程。李政道同样也为祖国的科学和教育事业作了很多贡献。他建议和协助建造了北京正负电子对撞机,建议成立国家自然科学基金,设立CUS-PEA,建议建立博士后制度,这些建议都一一得到实现。他还用个人积蓄建立了"中国大学生科研辅助基金",支持大学本科生从事科研辅助工作。

1. 杨振宁、李政道因为什么成就获得了诺贝尔物理学奖?
2. 你愿意紧跟在杨振宁、李政道之后夺取诺贝尔奖桂冠吗?

丁肇中

小雨点

小雨点儿上高山，
变成蘑菇打花伞。
小雨点儿上花园，
变成花朵真鲜艳。
小雨点儿上大街，
变成伞花一片片。
（佚名）

背后的故事

丁肇中(1936—)，实验物理学家，美国科学院院士。丁肇中出身于革命志士和知识分子家庭，外祖父王以成早年追随孙中山，在辛亥革命中牺牲。母亲王隽英是丁肇中最爱戴的人，1960年病逝于美国，临终前留下遗言："爱祖国，爱科学，双爱双荣。"

丁肇中对科学的热爱近乎痴狂。他每天埋头在实验室十几个小时，有时候甚至接连三四天不睡觉。他说："我完全靠工作来激发充沛的精力，工作就是我的兴趣，兴趣使我不会疲倦。"丁肇中在高中时就特别喜欢数理化，学习刻苦，成绩很好。20岁时，他进入美国密歇根大学，获得博士学位。1972年，丁肇中领导一个小组进行一系列实验，为的是寻找一种踪迹难觅的基本粒子。他说："在雨季，像纽约这样的城市,一分钟之内也许要降落下千千万万粒雨滴。如果其中的一滴有着不同的颜色,那我们就必须找到那滴雨。"1974年11月12日,在实验室里夜以继日地工作了两年多后,全力攻关的丁肇中向全世界宣布,他的小组发现了一种未曾预料过的新的基本粒子——J粒子。这种粒子有两个奇怪的性质:质量重、寿命长。J粒子的发现为人类认识微观世界开辟了一个新的境界,被称为是"物理学的十一月革命",他因此获得了1976年诺贝尔物理学奖和美国政府的劳伦斯奖。丁肇中终于找到了这滴"雨",这滴叫作"J"粒子的雨。

1. 丁肇中找到了一滴什么样的"雨"?
2. 丁肇中因为什么获得了诺贝尔物理学奖?

霍英东

妈妈的打工仔
香港穷少年，
进了杂货店。
工资变资本，
商场去冒险。
买来廉价物，
修好去赚钱。
致富靠什么？
脑子加勤俭。

背后的故事

香港大富豪霍英东原本是住在香港棚户区的一个穷少年。他是艇户出身，7岁的时候父亲霍耀容在一次风灾中翻艇身亡。香港沦陷期间霍英东被迫停学并从事苦力等工作。霍英东的妈妈开了一家杂货店，于是少年霍英东进了这家杂货店，成了妈妈的打工仔。霍英东拿到妈妈支付的工资后，便以这少得可怜的一点钱为原始资本，开始了在商场上的冒险生涯。霍英东做的第一笔冒险生意，是在战后收购战时的剩余物资。少年霍英东每天早上买来报纸，眼观六路，耳听八方，研究那些战余物资的可用之处。他经过精心研究，用自己的工资买下了需要小修的军用小艇、廉价舢板、发动机、水泵等。他设法修好这些机械设备后，转手倒卖出去。这样赚的钱虽不多，但比给

妈妈打工强多了。

霍英东从小培养的商业冒险精神,使他成为大富翁。

霍英东也很爱国。1950年朝鲜战争爆发后,在美国的强势主导下,联合国大会通过了对中国实施全面封锁禁运的决议。英国政府紧随其后,禁止香港在内的英属地将13类物品输往中国内地。后来,中国共产党联络在港商人抗美援朝,于是拥有完整船队的霍英东收购战争及医药物资后运往内地。1977年成立的"霍英东基金会"一直以捐献与非牟利投资的形式策划多个项目。霍英东晚年仍致力于开发珠江西岸的南沙港工程(据说弥留前仍关心该工程进展)。2006年10月28日,已经是中国政协副主席的霍英东于北京病逝,享年84岁。

考考你

1. 霍英东做的第一笔生意是什么?
2. 使霍英东成为大富翁的是一种什么精神?

包玉刚

包玉刚
船王船王包玉刚，
要运货物无船装。
贷款买船无抵押，
两手空空找银行。
凭仅诚实守信用，
变成世界大船王。

儿歌

背后的故事

　　包玉刚（1918—1991），浙江宁波人，世界上拥有10亿美元以上资产的12位华人富豪之一，世人公推的华人世界船王。比利时国王、巴拿马总统和日本天皇都曾授予他高级勋章。他还从事多种经营，有数十家公司，与世界上一些著名的银行、石油公司建立了密切联系。他热情支持祖国建设，除捐献巨资为家乡兴建兆龙学校、中兴中学、宁波大学外，还建造了北京兆龙饭店、上海交通大学包兆龙图书馆，设立包兆龙、包玉刚留学生奖学金等。从1985年起，包玉刚担任中华人民共和国香港特别行政区基本法起草委员会副主任委员，是第七届全国人大常委会委员。

　　1918年，包玉刚出生在浙江宁波一个小商人家庭，父亲包兆龙是

一个商人,常年在汉口经商。尽管包兆龙事务繁忙,但对子女的要求非常严格。由于家庭还算富裕,他决定让子女接受当地最好的教育。

俗话说,"三岁定八十",包玉刚从小就被教育要诚实、守信。包玉刚的"诚信",在他一生的大转折、大发展时期帮了大忙。1955年,包玉刚要发展蒸蒸日上的海运业务,可是,他没有资金扩大船队。可以说,这时包玉刚能借到多少钱,他的公司就能赚回多少钱。这时候,包玉刚的信誉起了作用。一个银行家答应帮助他,并且不要贷款时例行的抵押和担保手续。如果一定要例行这两样手续,凭当时包玉刚的实力,是办不下来贷款的,也就不会有后来的世界级船王包玉刚了。

1. 从小的教育对包玉刚的一生产生了什么影响?
2. 包玉刚的诚信品格是如何帮助他扩大业务的?

华盛顿

华盛顿

美国国父华盛顿,

独立战争总司令。

带领民兵反英国,

以弱胜强真英明。

　　华盛顿是美国首任总统,美国独立战争大陆军总司令。他毕生未进入大学学习,但注意自学,使自己具备了突出的才干。他曾参加七年战争,获得中校和上校衔,积累了军事指挥的经验。1758年,华盛顿当选为弗吉尼亚议员。在经营农场、手工作坊的过程中,华盛顿饱尝了英国殖民当局限制、盘剥之苦。1773年,美国东北部还在英国的殖民统治下,当地人民不堪英国殖民地政府无情的掠夺,自发组织起来,推举华盛顿为总司令,同英国殖民者展开了激烈的斗争。1775年7月3日,华盛顿就任大陆军总司令。他把一支组织松散、训练不足、装备落后、给养匮乏,主要由地方民兵组成的队伍整编和锻炼成为一支能与英军正面抗衡的正规军。1775年,独立战争打响了,华盛

顿带领着一支民兵与英国正规军展开了战斗。英国部队根本没有将这些民兵放在眼里，他们调来一支舰队和援兵，将华盛顿带领的民兵围困在纽约。眼看着民兵就要支持不住了，很多人认为应该放弃，可是华盛顿坚持要攻出去。他带领着部队悄悄突击了敌人的包围圈，取得了战斗的最终胜利。通过特伦顿、普林斯顿和约克德等战役，他们击败了英军，终于取得北美独立战争的胜利。1783年，《巴黎和约》签订，英国被迫承认美国独立。1787年，华盛顿主持召开费城制宪会议，制定联邦宪法，为根除君主制、制定和批准维护有产者民主权利的宪法作出了不懈的努力。

1. 美国独立战争以前是谁在统治美国？
2. 谁是美国独立战争大陆军的总司令？

林 肯

诚实的人
要想人不知，
除非己莫为。
即便人不知，
自己总明白。
认错不该死，
只怕不诚实。
成才靠什么？
知识加人格。

背后的故事

亚伯拉罕·林肯，生于美国肯塔基州哈定县一个普通农民家庭，美国政治家、思想家，第16任美国总统，首位美国共和党总统，与乔治·华盛顿、富兰克林·罗斯福公认为美国历史上最伟大的三位总统。林肯指挥著名的南北战争并取得了胜利，领导北方军队击败南方分离势力，基本废除了南方各州的奴隶制度，使黑人得到解放，维护了国家的统一。他为推动美国社会向前发展作出了巨大贡献，受到美国人民的崇敬。

虽然林肯仅受过18个月的非正规教育，但他从小就决心要做个诚实的人。林肯9岁那年，贪图好玩，双手抓住吊在教室门上的装饰品——鹿角荡秋千，将鹿角折断了。老师大为震怒，问是谁干的，

林肯勇敢地承认了自己的错误。老师喜欢诚实的孩子,见林肯承认了自己的错误,气一下子消了,只在他的手心轻轻地打了几下。事后,一个同学说:"林肯你真傻,为什么要承认呢?我们大家都不会告密,老师不会知道是谁干的。"林肯却说:"我会知道。"林肯就是这样一个正直、充满良知的人。后来,身材高大的他当上了一名船员,旅途中亲眼看到黑人奴隶遭受的非人待遇,于是对同伴说:"等到我有机会来打击奴隶制度的时候,我一定要彻底粉碎它!"于是,才有了1862年9月22日的《解放黑奴宣言》。

1. 当你做错了事而别人不知道时,你会主动承认错误吗?
2. 林肯的诚实品格与他后来成为大政治家有何关系?

罗斯福

老鸹窝

罗斯福,大脑壳,
大得像个老鸹窝。
老鸹窝里藏知识,
藏了一箩又一箩。
有朝一日要动用,
又能打仗又兴国。

背后的故事

　　大政治家富兰克林·罗斯福是不喜欢偶像的美国人心中的一尊不倒的偶像。他的母亲萨拉·德拉诺是出身上层社会且受过国外教育的女性。经过母亲实施的启蒙教育之后,罗斯福随家庭教师学习拉丁语、法语、德语、书法、算术和欧洲历史。富兰克林喜欢看书。在一个下雨的一天,母亲发现他正靠在床上一页页地翻阅未经删节的韦氏大词典。有人说,这孩子的脑袋就像一个塞满了闪闪发光、互不相关的各类知识碎片的"老鸹窝"。1921年,罗斯福因患脊髓灰质炎,两腿瘫痪了,但之后以惊人的毅力锻炼身体,用拐杖支撑行走,较快地恢复了健康。正因为罗斯福知识丰富、意志坚定,他才能在第二次世界大战担任美国总统期间,领导美国和世界反法西斯阵营,彻底战胜德、意、日法西斯,为人类作出巨大的贡献。他受人爱戴是因为,虽然出身贵族,但他相信平凡人的价值,并且为维护百姓的权利而战。1941年底,太平洋战争爆发,美国正式参战。罗斯福积极开展外交活动,促进反法西斯联盟的形成和扩大,以带病之躯,多次离国组织并参加许多重要的国际会议。

1938年,罗斯福用28000多名捐款者的捐款,在纽约海德公园自己的一块地产上建造了一个图书馆。1943年,他把这个图书馆连同地产一起捐赠给了美国政府。

1.为什么说罗斯福的脑袋像"老鸹窝"?
2.为什么知识碎片能筑成黄金塔?

拿破仑

拿破仑

法国名将拿破仑,

家境贫寒苦读成。

军官学校高材生,

一翱万里惊世人。

背后的故事

　　拿破仑·波拿巴(1769—1821),世界公认的战争之神,欧洲历史上最伟大的四大军事统帅之一(亚历山大大帝、凯撒大帝、汉尼拔、拿破仑),一生中指挥过大大小小共 60 多场战役。他的原名叫拿破仑·布宛纳,人称"奇迹创造者"。

　　拿破仑出生在科西嘉岛的阿雅克肖城的一个贵族家庭,少年时上巴黎读军校。军校学生大部分是法国的贵族子弟,带着一些跟班,穿着华丽,很是威风。拿破仑不与这些公子哥儿鬼混,他天天刻苦学习,勤练骑射。16 岁时,父亲去世,而拿破仑以优异的成绩毕业并被授予炮兵少尉头衔。在随部队驻防各地期间,他阅读了许多启蒙思想家的著作,成为一个热爱阅读的人。在远征埃及时,除了 2000 门大

炮外，他还带了175名各行业的学者以及成百箱的书籍和研究设备，这些书籍和研究设备由上百头驴子驮着。为了保护这些文化和科学的火种，他下达了一条著名的指令："让驴子和学者走在队伍中间。"

　　这位巴黎军官学校的高材生成为法国军队的统帅、法国的统治者后，进行了多项政治、教育、司法、行政、立法、经济等方面的重大改革，其中最著名并且直到今天依然有重要影响的《拿破仑法典》，很多条款是拿破仑本人亲自参加讨论并最终确定，而且基本上采纳了法国大革命初期提出的比较理性的原则。《拿破仑法典》1804年正式实施，即使一个多世纪后依然是法国的现行法律。

1. 拿破仑是靠什么成才的？
2. 拿破仑是如何尊重知识和读书人的？

马克思

谚 语

人非圣贤,

孰能无过?

知错就改是好汉,

浪子回头金不换。

大政治家、科学巨匠马克思青少年时代有一段意志消沉的日子。他结交了很多不良少年,过着放荡不羁的生活,变成了一个"坏娃娃",而这是由他的诗作寄到编辑部后接二连三退稿引起的。他的消沉引起了亲人的痛心和忧虑,他的未婚妻燕妮的规劝、理解最终使他结束了浪子生涯。他知道燕妮是因为他才华出众才爱他的,而一个自己作践自己的浪子谁还会爱呢?马克思决心做个值得人爱的人,于是断绝了以前的一切不良行为,"专心致志于科学和艺术"。后来,他成为《莱茵报》的主编,遇到了颇为有名的"林木盗窃问题"。事情是这样的,德国西部有大片的森林和草地,原来生活在这里的居民都可以在这些地方砍柴、放牧。可是后来,一些贵族地主把这大片的森林和草地霸占了，不许居民们靠近一步。不少居民到山林中去拾些柴草，却被认为是"盗窃"。由于广大居民不满，德国议会不得不认真审议这件事情。可是他们只为贵族地主考虑，审议的结果是：居民们的行为确为盗窃！如果居民再这样，就要用法律手段来解决！这样一来，全国民众对议会强烈不满，人们愤怒谴责议会的不公平处理。对此马克思也感到十分气愤，便在《莱茵报》上写了一系列文章发表自己的看法，立场坚定地站在民众一边，维护农民的利益。对此普鲁士政府非常气愤，立刻派人查封了《莱茵报》，迫使它停止印刷。马克思一气之下，辞去了报纸的主编职务。马克思对自己的所作所为毫不后悔，相反更认清了反动政府的丑恶本质。他在寻找着时机，继续与反动政府作坚决斗争。之后，他和恩格斯共同创立的马克思主义，成为指引全世界劳动人民为实现社会主义和共产主义伟大理想而进行斗争的理论武器和行动指南。

1. 你犯了错误愿意改正吗？
2. 马克思知错就改给他带来什么好处？

恩格斯

恩格斯

马克思、恩格斯，

都是革命的导师。

学习外语是天才，

天文地理都明白。

（田东）

　　恩格斯，无产阶级革命导师和马克思主义的创始人之一，出生于德国莱茵省巴门市一个纺织厂主家庭。少年时就学于巴门市立学校，1834年转入爱北斐特理科中学。1837年父亲坚持要他辍学经商，恩格斯后来就到不来梅一家商行供职。恩格斯经商时业余时间刻苦自学，著文批判德国的封建专制统治、宗教迷信和资本家的贪婪，表现了初步的革命民主主义思想。恩格斯虽然没有上过大学，甚至连高中也还差九个月才毕业，就被贪财的父亲强迫去经商，但他没有放弃学习，特别是在语言方面表现出了很高的天赋，通过自学掌握了多门外语。有一天，恩格斯在海滨遇到一群正在表演的街头艺术家，他先后用葡萄牙语、西班牙语和他们交谈，但没人听得懂。最后他试着用爱尔兰语与之对话,终于同这群人轻松地交谈起来。19岁时,恩格斯给远方的妹妹写信,使用了英、德、法、意等九种语言!后来,人们称他为"语言的天才"。

恩格斯在创立马克思主义哲学、政治经济学和科学社会主义理论方面作出了卓越贡献,同时在军事理论领域造诣很深,建树卓著。恩格斯还就宗教、妇女、文学、美学、史学等方面的问题发表了见解,不愧为一个世界级的百科全书式的思想家。

1. 恩格斯能讲几种语言?
2. 为什么恩格斯被人们称为"语言的天才"?

哥白尼

老师歌
老师老师像蜡烛,
他给我们照亮路。
老师老师像粉笔,
粉身碎骨不怕苦。
只要桃李满天下,
个个成为擎天柱。
（崔英）

背后的故事

尼古拉·哥白尼1473年2月19日出生于波兰维斯杜拉河畔托伦市的一个富裕家庭。哥白尼18岁时就读于波兰旧都的克拉科夫大学，学习医学期间对天文学产生了兴趣。1496年，23岁的哥白尼来到文艺复兴的起源地意大利，在博洛尼亚大学和帕多瓦大学攻读法律、医学和神学。博洛尼亚大学的天文学家德·诺瓦拉对哥白尼影响极大，哥白尼在他那里学到了天文观测技术以及希腊的天文学理论。后来，哥白尼成为一名医生，由于医术高明而被人们誉为"神医"。所以，哥白尼并不是一名职业天文学家，他的成名巨著是在业余时间完成的。这一切要得益于他在大学时代遇到的一位好老师：沃伊切赫教授。哥白尼追随沃伊切赫教授学习和研究天文学，取得

了长足的进步。一天,哥白尼看到希腊哲学家阿利斯塔克关于地球绕太阳运动的说法,觉得很新奇。为了进一步了解阿利斯塔克的思想,哥白尼向老师请教。老师告诉他,由于阿利斯塔克的观点与教会的教义不符,因此他的著作很少流传下来。他称赞哥白尼能够在浩瀚的著作中发现真正闪光的东西。后来,哥白尼在老师的指导下,提出"日心说",成为伟大的科学家。

经过长年的观察和计算,哥白尼终于完成了伟大著作——《天体运行论》。他在《天体运行论》中计算所得数值的精确度是惊人的。例如,他得到恒星年的时间为365天6小时9分40秒,比现在的精确值约多30秒,误差只有百万分之一;他得到月亮到地球的平均距离是地球半径的60.30倍,和现在的60.27倍相比,误差只有万分之五。

1.你知道哥白尼成才与老师有什么关系吗?
2.你知道老师最大的快乐是什么吗?

伽利略

伽利略
伽利略，爱上学，
可惜家贫停了学。
停了学，不忘学，
刻苦努力自己学。
学哲学，学数学，
天文地理也要学。
一生精力搞科学，
我们应当跟他学。

儿歌

背后的故事

　　伽利略（1564—1642），意大利物理学家、天文学家和哲学家，近代实验科学的先驱者。但他大学时曾因家贫被迫辍学。伽利略辍学后，他的老师里奇仍然关心他的学习，并经常给他帮助，教会他自学的本领。伽利略一有空就到佛罗伦萨图书馆，继续研究亚里士多德哲学，还研究阿基米德和欧几里德的数学，并坚持做实验，用实验验证各种理论和观点。在学习中，他还常常寻求里奇老师的指导，在老师的指导下不断取得进步。

　　1590年，伽利略在比萨斜塔上做了"两个铁球同时落地"的著名实验，从此推翻了亚里士多德"物体下落速度和重量成正比例"的学说，纠正了这个持续了1900年之久的错误结论。

1609年，伽利略创制了天文望远镜（后被称为伽利略望远镜），并用来观测天体。他发现了月球表面的凹凸不平，并亲手绘制了第一幅月面图。1610年1月7日，伽利略发现了木星的四颗卫星。借助于望远镜，他还先后发现了土星光环、太阳黑子、太阳的自转、金星和水星的盈亏现象、月球的周日和周月天平动以及银河是由无数恒星组成等等。这些发现开辟了天文学的新时代。他的著作有《星际使者》《关于太阳黑子的书信》《关于托勒密和哥白尼两大世界体系的对话》和《关于两门新科学的谈话和数学证明》。为了纪念伽利略的功绩，人们把木卫一、木卫二、木卫三和木卫四命名为伽利略卫星。

1. 你知道伽利略如何对待辍学吗？
2. 为什么要"辍学不忘学"？

苏格拉底

选麦穗

小麦穗,遍地黄,

割了麦子就打场。

老师领着选良种,

选出良种多打粮。

选来选去选不出,

埋怨麦田宽又长。

苏格拉底(公元前约469年—公元前约399年)是古希腊时期的思想家、哲学家和教育家,又是一个个性鲜明、从古至今被人毁誉参半的著名历史人物。苏格拉底出生于伯里克利统治雅典的黄金时代,出身贫寒,父亲是雕刻师,母亲为助产士。青少年时代,苏格拉底跟父亲学过手艺,熟读荷马史诗及其他著名诗人的作品,靠自学成了一名很有学问的人。后来,苏格拉底以传授知识为生,30多岁时做了一个不取报酬也不设馆的社会道德教师。许多有钱人家和穷人家的子弟聚集在他周围,跟他学习,向他请教。而苏格拉底常说:"我只知道自己一无所知。"苏格拉底是柏拉图的老师,而他一生未曾著述,其言论和思想多见于柏拉图和色诺芬的著作,如《苏格拉底言行

回忆录》。他与柏拉图、亚里士多德被并称为"希腊三贤"。

  传说苏格拉底的三个弟子曾求教于他,怎样才能找到理想的伴侣。苏格拉底没有直接回答,却让他们走麦田埂,只许前进,而且仅给一次机会选摘一支自己觉得最好最大的麦穗。第一个弟子走几步看见一支又大又漂亮的麦穗,高兴地摘下了,而在后面看到更大的麦穗后感到很遗憾。第二个弟子总想着后面还有更大的麦穗,快走到终点时才发现,机会全错过了。第三个弟子则在前阶段将麦穗分出大、中、小三类,在后阶段及时选择了属于大类中的一支,于是他满意地走完了全程。

1. 你知道苏格拉底教学生有什么妙法吗?
2. 苏格拉底的三个弟子中哪个最聪明?为什么?

达尔文

生　命

生命诚可贵，

爱情价更高。

若为科学故，

二者皆可抛。

查尔斯·罗伯特·达尔文（1809—1882），英国博物学家、生物学家、进化论的奠基人。他曾乘贝格尔号舰做了历时五年的环球航行，对动植物和地质结构等进行了大量的观察和采集。《物种起源》这一划时代的著作，提出了生物进化论学说，从而摧毁了各种唯心的神造论和物种不变论。恩格斯将"进化论"列为19世纪自然科学的三大发现之一。

达尔文出生在英国的一个小镇，祖父和父亲都是当地的医生，家里希望他将来继承祖业，于是16岁时被父亲送到爱丁堡大学学医。但达尔文从小就热爱大自然，尤其喜欢打猎、采集矿物和动植物标本。进到医学院后，他仍然经常到野外采集动植物标本。父亲认为他

"游手好闲""不务正业",一怒之下,于1828年又送他到剑桥大学,改学神学,希望他将来成为一个"尊贵的牧师"。但达尔文对神学院的神创论等谬说十分厌烦,仍然把大部分时间用来听自然科学讲座,自学大量的自然科学书籍。后来,达尔文在佛斯湾潮间带研究海生动物的生命周期,这些研究建立了同源器官的证据。同源指的是所有动物所拥有的相似器官,并显示它们源自共同祖先。不久,他的朋友推荐他跟随贝格尔号的船长罗伯特·费兹罗伊前往南美洲探险,并绘制当地航海图。在达尔文进行环球考察,获得了生物进化的一些证据,需要深入调查研究的关键时刻,他的女朋友芳妮叫他马上回英国完婚,否则就会另嫁他人。达尔文的思想激烈地斗争着:要科学,还是要芳妮?当然,最好两者都要。可是,命运之神硬要自己只能选择一种的话,那只好放弃芳妮。结果,达尔文失去了女朋友,但他成功地创立了生物进化学说。

1. 你认为生活中最重要的是什么?
2. 你为了科学愿意牺牲什么?

哥伦布

打油诗

伟大哥伦布,
精通航海术。
会讲四国话,
知识很丰富。
驾船航大海,
发现新大陆。

♪儿
……
歌

背后的故事

　　哥伦布,1451年出生在意大利北部的地中海海边热那亚,自幼热爱航海冒险。他读过《马可·波罗游记》,十分向往印度和中国。他从小就渴望当一名船长去周游世界,发现新的大陆和岛屿。他为此学会了四国语言,并精通造船技术和航海技术。不过,没有谁聘他当船长,却有人聘请他当热那亚商号的贸易代理人。他爽快地答应了,因为觉得万丈高楼平地起,要当船长得一步步来。在担任代理人后,他的航海知识更加丰富了,船舶驾驶技术也更加娴熟了,这为他后来成为船长找到新大陆奠定了基础。后来,在西班牙国王的支持下,他开辟了横渡大西洋到美洲的航路,先后到达巴哈马群岛、古巴、海地、多米尼加、特立尼达等岛。他在帕里亚湾南岸首次登上美洲大陆;考察了中美洲洪都拉斯到达连湾2000多千米的海岸线;认识了巴拿马地峡;发现和利用了大西洋低纬度吹东风、较高纬度吹西风的风向变化;证明了大地球形说的正确性。

　　哥伦布的远航是大航海时代的开端。新航路的开辟,改变了世界历史的进程,使海外贸易的路线由地中海转移到大西洋沿岸。从那以后,西方终于走出了中世纪的黑暗,开始以不可阻挡之势崛起于世界,并在之后的几个世纪中,成就了海上霸业。一种全新的工业文明成为世界经济发展的主流。

1. 哥伦布为什么要接受担任贸易代理人的聘请？
2. 哥伦布为什么能实现自己的理想？

阿基米德

知识的力量
阿基米德对国王说:
"只要给我一个支点,
我就能撬动整个地球。"
国王不相信,
要他独自撬大船。
大船撬动了,
阿基米德赢了。
他是怎样赢的呢?

儿歌

背后的故事

阿基米德(公元前287年—公元前212年),出生于西西里岛的叙拉古,古希腊哲学家、数学家、物理学家,确定了许多物体表面积和体积的计算方法,发现了杠杆原理和浮力定律,设计制造了多种机械,如螺旋扬水机、军用投射器等。阿基米德到过亚历山大里亚,据说他住在那里时发明了阿基米德式螺旋抽水机。当时的欧洲,在日常生活和工程中,经常使用一些简单机械,如螺丝、滑车、杠杆、齿轮等。阿基米德花了许多时间去研究,发现了"杠杆原理"和"力矩"的观念。对于经常使用工具制作机械的阿基米德而言,将理论运用到实际生活中是轻而易举的。他自己曾说:"只要给我一个支点,我就能撬动整个地球。"这时刚好海维隆王又遇到一个棘手的问题:

国王替埃及托勒密王造了一艘船,因为船太大太重,无法放进海里。国王就对阿基米德说,"你连地球都举得起来,把一艘船放进海里应该没问题吧?"于是阿基米德巧妙地组合各种机械,造出一种机具。在一切准备妥当后,他将牵引机具的绳子交给国王。国王轻轻一拉,大船果然移动下水了。人群中爆发出欢呼声:阿基米德赢了!

阿基米德是怎样移动大船的呢?原来,这位古希腊的大科学家是应用数学的杠杆原理,用知识的力量,使巧力让船移动下水的。

1.阿基米德靠什么赢了国王?
2.汽车的千斤顶是否是应用杠杆原理制造的装置?

法拉第

法拉第

科学家，法拉第，

家虽贫，有志气。

边做工，边学习，

长大了，有出息，

搞发明，数十起。

（崔英）

迈克尔·法拉第（1791—1867）是英国物理学家、化学家，也是著名的自学成才的科学家。法拉第出生于萨里郡纽因顿一个贫苦铁匠家庭，因家贫仅上过几年小学，13岁时便在一家书店里当学徒，书店的工作使法拉第有机会读到许多科学书籍。开始时他拿到什么就看什么，从通俗科学读物到《大英百科全书》，后来他的兴趣逐渐转移到了《大英百科全书》上。在送报、装订等工作之余，他自学化学和电学，并动手做简单的实验，验证书上的内容。他最为得意的是在阁楼实验室里人工造出了"雷电"。法拉第还利用业余时间参加市哲学学会的学习活动，听自然哲学演讲，因而受到了自然科学的基础教育。由于他爱好科学研究，专心致志，因此受到英国化学家戴维的

赏识。1813年3月，戴维举荐法拉第到皇家研究所任实验室助手，这是法拉第一生的转折点，从此他踏上了献身科学研究的道路。1815年5月法拉第回到皇家研究所，在戴维的指导下进行化学研究；1824年1月当选为皇家学会会员；1825年2月任皇家研究所实验室主任；1831年做出了关于力场的关键性突破，永远改变了人类文明；1833~1862年任皇家研究所化学教授；1846年荣获伦福德奖章和皇家勋章。

贫穷是不幸的，童工的生涯其清苦可知。难能可贵的是小法拉第不安于贫穷，不安于清苦，勤奋好学，取得了那么大的成就。

1. 法拉第爱读哪类书？
2. 你能按照书本说的做几个实验吗？

麦克斯韦

四言歌

麦克斯韦,生在英国,
性格内向,不善言说。
小时同学,叫他呆鹅,
他不在乎,只顾勤学。
丑丑小鸭,变成天鹅,
少年获奖,发明甚多:
光学理论,磁场电波。
造福人类,功绩卓越。

詹姆斯·克拉克·麦克斯韦(1831—1879),英国物理学家、数学家。在人类科学史上,牛顿把天上和地上的运动规律统一起来,是实现第一次大综合;麦克斯韦把电、光统一起来,是实现第二次大综合,因此麦克斯韦与牛顿齐名。1873年出版的《论电和磁》,也被尊为继牛顿《自然哲学的数学原理》之后的一部最重要的物理学经典。没有电磁学就没有现代电子学,也就不可能有现代文明。

麦克斯韦的父亲约翰是一名不随流入俗的机械设计师,他对麦克斯韦的影响非常大。他思路开阔、思想敏锐、讲求实际,特别能干,家里的事情不分巨细,都料理得很好:修缮房屋、打扫庭院、给孩子们制作玩具乃至裁剪衣服,样样都能胜任。但是大科学家麦克斯韦

读书时性格内向，发音也不太准，只是喜欢课余独自坐在树下读书画画。同班同学不理解他，给他取了个"傻孩子"的外号。对此麦克斯韦不计较，也没有气馁，而是在暗中发奋努力，决心以自己的成绩改变同学们的偏见。在学习之余他还写诗，不知满足地读课外书，积累了相当广泛的知识。一次，在学校举办的数学和诗歌比赛中，他初露风华，一举夺得两项桂冠，于是同学们对他刮目相看。大人们称赞他是"神童"，父亲也为儿子的成绩感到自豪。麦克斯韦16岁中学毕业后，就进入爱丁堡大学学习，成为这所苏格兰最高学府里年纪最小的学生。麦克斯韦却并不骄傲："我不是什么神童，不过我平时爱动脑筋，对数学特别喜欢罢了。"

1. 麦克斯韦是如何面对屈辱的？
2. 你喜欢给人取外号吗？给人取外号好不好？

玻　尔

玻　尔

青年玻尔迷实验，

揭榜参加征文赛。

创新论文获金奖，

从此扬起科学帆。

尼尔斯·玻尔，1885年10月7日出生于丹麦首都哥本哈根，父亲是哥本哈根大学的生理学教授。他从小就受到良好的家庭教育，当他还是中学生时，就已经在父亲的指导下进行了小型的物理实验。1905年，丹麦皇家科学文学院悬赏征求有关液体表面张力的论文，青年玻尔决定参加这场竞争。于是玻尔在父亲的实验室里展开了工作，他自制实验器材，拉制了许多玻璃管，设计了一套相当复杂而又十分巧妙的实验装置，通过实验取得了精确的数据，并改进了前人的理论。玻尔专心致志、夜以继日地做实验，后来写出了一篇出色的论文。最后玻尔的论文被选中，荣获了丹麦皇家科学文学院授予的金质奖章。1916年，玻尔接受哥本哈根大学理论物理讲席，1920年哥本哈根大学根据他的倡议,成立了理论物理研究所,让他担任所长。后来玻尔担任这个研究所的所长达 40 年,起到了很好的组织作用和引导作用。在玻尔的周围聚集着许多年轻有为的理论物理学家,如海森堡、泡利、狄拉克等。他们互相磋商,自由讨论,不断创新,最后发展成有名的"哥本哈根学派"。

1. 玻尔是怎样成为科学家的?
2. 你喜欢像玻尔一样参加科学竞赛吗?

道尔顿

打油诗
约翰·道尔顿，
小时家贫困。
没上几年学，
自学成哲人。
一面当老师，
一面做学问。
著作气象学，
创立原子论。
有志事竟成，
关键在于勤。
（崔英）

背后的故事

　　"原子论"创立者、英国大科学家约翰·道尔顿生于坎伯兰郡伊格尔斯菲尔德一个织工家庭。道尔顿幼年时家贫，但是富裕的教师鲁宾孙很喜欢道尔顿，允许他阅读自己的书和期刊。1778年鲁宾孙退休后，12岁的道尔顿接替他在学校里任教，只是工资微薄。后来道尔顿到肯德尔一所自己远亲开办的学校任教。1787年3月24日，道尔顿写下了第一篇气象观测记录，这成为他以后科学发现的实验基础。道尔顿是一个热心的科学宣传家，他在学校的大门旁挂起一个大木牌，上面写着："代写书信文章，进行服务性科技咨询。"道尔顿每天都接待人们对数学、物理、化学、气象学等方面的科技咨询，有问必答，广泛地宣传科普知识。他采集了许多菌类、蕨类、单子叶植

物、双子叶植物，还搜集了许多蛾类、蝴蝶类的昆虫，把它们精心制作成标本，作为礼物赠送给朋友和学生。为了把自己毕生的精力献给科学事业，道尔顿终生未婚，而且在生活贫困的条件下从事科学研究。后来，道尔顿还把自己的退休金积蓄起来，奉献给曼彻斯特大学，用作学生的奖学金。

道尔顿的一生正如恩格斯所指出的：化学新时代是从原子论开始的，所以道尔顿应是近代化学之父。

1. 道尔顿青年时热衷什么？
2. 道尔顿为什么要宣传科学？

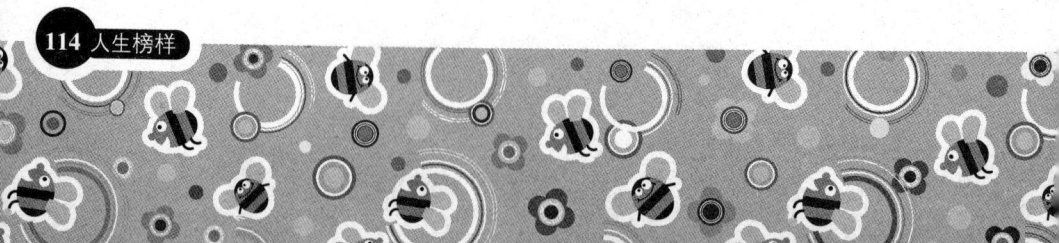

牛 顿

苹果落地

风吹叶儿轻轻摇,
苹果颗颗挂树梢。
突然一颗掉下来,
打在牛顿头顶上。
敲得脑袋开了窍,
引力定律发现啦。

（田东）

背后的故事

据说,科学巨匠牛顿是因为受到苹果打在头上的启发,才发现万有引力定律的。1643年1月4日,艾萨克·牛顿出生于英格兰林肯郡乡下的一个小村落里。在他出生前三个月,父亲就去世了。由于早产的缘故,新生的牛顿十分瘦小,因此他小时候性格忧郁、内向,成绩也不好,同班同学还给他取了个外号叫"乡巴佬"。但他喜欢读书,常看一些介绍简单机械模型制作方法的读物,并从中受到启发,自己也动手制作些奇奇怪怪的小玩意。小牛顿在把风车的机械原理摸透后,自己制作了一架磨坊的模型。他将老鼠绑在一架有轮子的踏车上,在轮子的前面放上一粒玉米,刚好那地方是老鼠可望而不可即的位置。老鼠想吃玉米,就不断地跑动,于是轮子就不停地转动,

从而带动磨坊工作。后来,"乡巴佬"遇到了"伯乐",这个"伯乐"就是牛顿中学时期的校长斯托克斯,他经常劝诫牛顿认真学习。牛顿对他很敬重,便开始用功学习,成绩直线上升。但牛顿15岁时,由于家境窘迫,母亲便让他停学在家务农。每次母亲叫他同佣人一道上市场熟悉交易时,他便恳求佣人一个人上街,自己则躲在树丛后看书。有一次,牛顿的舅父起了疑心,就跟踪牛顿上市镇去,发现他躺在草地上正聚精会神地钻研一个数学问题。牛顿的好学精神感动了舅父,于是舅父劝服了牛顿的母亲让牛顿复学,并鼓励牛顿上大学读书。后来,牛顿为人类建立起"理性主义"的旗帜,开启了工业革命的大门。

1. 牛顿取得好成绩主要靠什么?
2. 牛顿为什么能成为大科学家?

瓦 特

瓦 特

瓦特是个发明家，
自学成才贡献大。
工业革命当先锋，
改良蒸汽机放光华。
为了纪念他贡献，
如今用电简称"瓦"。

（黄继先）

詹姆斯·瓦特（1736年1月19日—1819年8月19日），英国著名的发明家、工业革命时的重要人物。他对当时已出现的蒸汽机雏形做了一系列重大改进，发明了单缸单动式和单缸双动式蒸汽机，提高了蒸汽机的热效率和运行可靠性，对当时社会生产力的发展作出了杰出贡献。他改良了蒸汽机，发明了气压表、汽动锤。后人为了纪念他，将功率的单位称为瓦特，常用符号"W"表示。

然而童年的瓦特并没有受过系统教育。瓦特从小身体虚弱，到了入学年龄仍不能去上学。过了入学年龄好几年，他才到镇上的学校学习。瓦特的父亲开了一家修理作坊，瓦特非常爱看作坊里的老师傅制作模型、修理仪器。父亲看见了，很高兴，就给他准备了一间有

着各种工具和材料的"小实验室",因此,瓦特这个实验员从小就学会了使用工具,自己制造模型。但瓦特中学毕业时,由于家庭变故,他只能放弃学业,到格拉斯哥的一家钟表店当学徒。他在业余时间刻苦学习,进一步掌握了许多科技原理。他曾经动手制造过对技术要求较高的罗盘、经纬仪等,这为他日后研究和制造蒸汽机奠定了坚实的基础。1757年,格拉斯哥大学的教授提供给瓦特一个机会,让他在大学里开设一间小修理店,这帮助他走出了困境,瓦特终于开始了对蒸汽机的实验并取得了重大的成功。

1. 瓦特是哪个国家的发明家?
2. 他发明了什么机器?

爱迪生

爱迪生
爱迪生,小乖乖,
提个问题很古怪:
"二加二为什么等于四?"
惹得老师不痛快,
骂他是个"方"脑袋,
开除回家别再来。
母亲教他学科学,
"傻瓜"原来是奇才。
（崔英）

背后的故事

爱迪生（1847—1931）是举世闻名的美国物理学家、发明家,被人们誉为"世界发明大王"。他除了在留声机、电灯、电报、电影、电话等方面有所发明和贡献以外,在矿业、建筑业、化工等领域也有不少著名的创造和真知灼见,为人类的文明和进步作出了巨大的贡献。虽然爱迪生一生的大部分时期都患有严重的失聪症,但是他工作刻苦,毅力超人,因而完全弥补了这一缺陷。小时候的爱迪生很爱发问,常常问一些奇怪的问题,让人觉得很烦。家人也好,路上的行人也好,都是他发问的对象。如果他对大人的回答感到不满意就会亲自去实验。有一次爱迪生看到一只母鸡在孵蛋,就问妈妈为什么母鸡总是成天坐在那里。妈妈告诉他母鸡是在孵蛋。爱迪生便想,如

果母鸡可以孵蛋那我一定也可以。过了几天爸爸妈妈发现爱迪生一直蹲在木料房里，不知道在做什么。而当家人发现爱迪生在孵蛋的时候，每个人都捧腹大笑了起来。

　　爱迪生七岁时进入学校学习，但他不习惯学校的正规课程，功课学得很不好。后来老师以爱迪生提出"二加二为什么等于四"的问题很荒唐为由，勒令他退学。好在爱迪生的母亲当过小学教师，对教育孩子很有耐心和经验。她经常给爱迪生讲著名科学家以勤补拙的故事，为他解答各种疑难问题，还给爱迪生买了一本《自然读本》，书中介绍了许多科学小实验，这深深吸引和影响了爱迪生。

1. 你能回答爱迪生提出的"荒唐"问题吗？
2. 什么是勤能补拙？

诺贝尔

诺贝尔
物理学家诺贝尔，
发明炸药贡献大。
一生赚钱上千万，
自己从来不乱花。
不讲吃穿不享乐，
专为科学建大厦。
成立诺贝尔基金会，
用于奖励科学家。

背后的故事

阿尔弗雷德·贝恩哈德·诺贝尔是瑞典著名的化学家、硝化甘油炸药的发明人，于1833年10月21日出生于瑞典首都斯德哥尔摩。他从父亲伊曼纽尔·诺贝尔那里学习了工程学的基础，也像父亲一样具有发明的才能。1853年5月，沙皇尼古拉一世为了表彰伊曼纽尔·诺贝尔的功绩，破例授予他勋章。在父亲永不停息的创造精神的影响和引导下，诺贝尔走上了光辉灿烂的科学发明道路。诺贝尔发明了家用取暖的锅炉系统，设计了一种制造木轮的机器，设计制造了大锻锤，并改造了工厂设备。诺贝尔的299种发明专利中有129种是关于炸药的，所以诺贝尔被人们称为炸药大王。他生前有两句名言："我更关心生者的肚皮，而不是以纪念碑的形式对死者的缅

怀。""我看不出我应得到任何荣誉,我对此也没有兴趣。"多么质朴无华的语言,却道出了真谛。奢华的语言,包裹着华丽外衣的语言,有时候是不管用的。

诺贝尔不仅从事理论研究,而且勇敢地进行工业实践,由此积累了巨额财富。1895年他留下遗嘱,把遗产中的920万美元作为基金,以其利息设立诺贝尔奖,授予世界各国在五个领域中作出杰出贡献的科学家。一个多世纪以来,已有700多人获得诺贝尔奖殊荣。

1.诺贝尔奖的基金是谁提供的?
2.世界上已有多少人获得诺贝尔奖?

爱因斯坦

傻瓜变成科学家
美国有个小娃娃,
五岁以前不说话。
父母以为是白痴,
带他医院去检查。
医生说他没有病,
多多开导想办法。
兴趣激励办法好,
傻瓜变成科学家。
（黄继先）

背后的故事

  美国大科学家阿尔伯特·爱因斯坦小时候很"笨",长到四五岁还不大会说话。爸爸妈妈带他和妹妹去郊游,一路上妹妹叽叽喳喳说个没完,却听不到爱因斯坦的声音。爸爸怀疑爱因斯坦是个"弱智",医生却说,这孩子没病,只不过是不喜欢说话而已。一天,爸爸给小爱因斯坦买了一个玩具指南针。爱因斯坦不知道指南针为什么总是一直顽固地指向同一方向,终于开口问了爸爸。

  16岁时,爱因斯坦报考瑞士苏黎世的联邦工业大学工程系,可是入学考试告以失败。看过他的数学和物理考卷的该校物理学家韦伯先生慧眼识英才,称赞他:"你是个很聪明的孩子,爱因斯坦。但是你有一个很大的缺点,就是你不想表现自己。"爱因斯坦就是这样一个

安静地只想自己做学问的人。

有一次,爱因斯坦想把墙上的一幅旧画换下来,就搬来一架梯子,一步一步爬上去,结果一不小心从梯子上摔下来。摔到地上以后,他顾不得疼痛,马上想到:人为什么会笔直地掉下来呢?看来物体总是沿着阻力最小的线路运动的。爱因斯坦想到这里便马上站起来,一瘸一拐地走到桌边,提笔把自己的这个想法记了下来。这对他正在研究的问题——相对论有很大的启发。

爱因斯坦生前不要虚荣,死后更不要哀荣。他留下遗嘱,要求不发讣告,不举行葬礼。他把自己的大脑供给医学研究,身体火葬焚化,骨灰秘密地撒在不让人知道的河里,没有坟墓也不立碑。

1. 发育迟缓是不是"弱智"?
2. 爱因斯坦是什么时候学会说话的?

孟德尔

金娃娃

数红花，

数白花，

数出一个金娃娃。

首先发现"基因"的奥地利大科学家孟德尔1822年出生在一个贫寒的农民家里，父母都是园艺家。孟德尔童年时受到园艺学和农学知识的熏陶，对植物的生长和开花非常感兴趣。1843年大学毕业以后，年方21岁的孟德尔进了布隆城奥古斯汀修道院，并在当地教会办的一所中学教书，教的是自然科学。他由于专心备课，认真教课，因此很受学生的欢迎。后来，他又到维也纳大学深造，受到相当系统和严格的科学教育和训练。1856年，孟德尔开始了长达八年的豌豆实验。孟德尔首先从种子商那里挑选出22个品种用于实验。这些种子的品种不同，比如有的是高茎有的是矮茎，有的是圆粒有的是皱粒，有的是灰色种皮有的是白色种皮等。孟德尔通过人工培植这些豌豆，对不同豌豆的性状和数目进行细致入微的观察、计数和分析。他经常向前来参观的客人指着豌豆十分自豪地说："这些都是我的儿女！"经过八个寒暑的辛勤劳作，通过数豌豆开白花和红花的数量，用统计学方法进行研究，孟德尔发现了生物遗传的基本规律，并得到了相应的数学关系式。人们分别称他的发现为"孟德尔第一定律"（即孟德尔遗传分离规律）和"孟德尔第二定律"（即基因自由组合规律），它们揭示了生物遗传奥秘的基本规律。

1. 孟德尔为什么要数豌豆开白花和红花的数量？
2. 孟德尔找到的科学规律叫什么？

居里夫人

镭娃娃
元素是镭的家,
居里是镭的妈。
没有居里夫人,
哪会有镭娃娃?
镭娃娃,好伟大,
治疗癌症是专家。
（崔英）

背后的故事

  小朋友,你听过居里夫人的故事吗?为什么人们称居里夫人为镭的母亲呢?原来,镭是一种放射性元素,它能穿透大部分物体,医学上利用它来治疗癌症。镭是如此厉害,而镭的发现者居里夫人就更厉害了。她是第一个荣获诺贝尔科学奖的女性科学家,也是第一位两次荣获诺贝尔科学奖的伟大科学家。

  玛丽·居里(1867年11月7日—1934年7月4日),波兰裔法国籍女物理学家、放射化学家,出生于波兰华沙的一个正直、爱国的教师家庭。玛丽自小就勤奋好学,16岁时以金奖从中学毕业。因为当时俄国沙皇统治下的华沙不允许女子入大学,加上家庭经济困难,玛丽只好只身来到华沙西北的乡村做家庭教师。1892年,在父亲和姐姐的帮助下,玛丽来到巴黎大学理学院。由于玛丽决心学到真本领,因而学习非常勤奋用功。她每天乘坐一个小时的马车早早来到教室,选一个离讲台最近的座位,以便清楚地听到教授所讲授的全部知识。为了节省时间和集中精力,也为了省下乘马车的费用,她从姐姐家搬出来,迁入学校附近一幢房子的顶阁。这阁楼里没有火,没有灯,没有水,只在屋顶上开了一个小天窗,依靠它,屋里才有一点光明。1893年,玛丽以第一名的成绩毕业于物理系,第二年又以第二名的成绩毕业于该校的数学系,并且获得了巴黎大学数学和物理的学士学位。

1898年,居里夫人与她的丈夫居里发现了两种新元素,一种便是镭,还有一种叫钋。于是人们便将居里夫人称为镭的母亲。

考考你

1.镭是一种什么元素?
2.人们为什么称居里夫人为镭的母亲?

摩尔根

儿歌

科学郎
白眼睛，红眼睛，
看看苍蝇的小眼睛；
麻翅膀，卷翅膀，
看看苍蝇的花翅膀。
诺贝尔奖，登金榜，
果蝇室走出科学郎。

背后的故事

摩尔根是美国进化生物学家、遗传学家和实验胚胎学家，发现了染色体的遗传机制，创立了染色体遗传理论，是现代实验生物学的奠基人。摩尔根自幼热爱大自然，童年时代即漫游了肯塔基州和马里兰州的大部分山村和田野，还曾经和美国地质勘探队进山区实地考察，采集化石。他对大自然的一切充满了好奇，最喜欢的游戏就是到野外去捕蝴蝶、捉虫子、掏鸟窝和采集奇形怪状、色彩斑斓的石头。为了仔细观察昆虫是如何采食、如何筑巢，他经常趴在地上半天不起来，有时还会把捕捉到的虫、鸟带回家去解剖，看看它们的身体内部构造。小摩尔根10岁的时候，在他的反复要求下，父母同意把家中的两个房间给他专用。于是，他动手刷油漆、糊壁纸，按照自己

的意愿把两个房间重新装饰一番,然后在里面摆满了自己亲手采集和制作的鸟、鸟蛋、蝴蝶、化石、矿石等各种标本。直到摩尔根逝世后,这两个房间里的摆设还保持着他少年时的模样。1904年,摩尔根创建了以一种水果上的苍蝇——果蝇为实验材料的研究室,从事进化和遗传方面的工作。科学家们坐在这间蝇子乱飞、气味难闻的小房间里,用果蝇做着各种离奇的实验,观察经过处理后的果蝇眼睛、翅膀等的颜色变化,从而发现生物科学的规律。摩尔根和他的助手们在这里呆了18个年头,繁殖了一万五千代果蝇,终于发现了染色体在遗传中的作用,于1933年赢得了诺贝尔生理学及医学奖。

1. 摩尔根为什么要喂养苍蝇?
2. 果蝇实验造就了哪些诺贝尔奖获得者?

南丁格尔

提灯女郎
于英格兰的浩瀚卷帙之中，
穿越她那悠长的演讲和歌唱，
来自过往的无数碑坊，
应是她闪烁的光芒。
在此地的伟大历史之中，
矗立着一位提灯的女郎，
为英姿飒爽的优秀女性，
树立起高贵的美好形象。

背后的故事

　　这是美国著名诗人郎费罗写的一首歌颂护理学之母南丁格尔的诗。弗洛伦斯·南丁格尔是世界上第一个真正的女护士，开创了护理事业。"5·12"国际护士节设立在南丁格尔的生日这一天，就是为了纪念这位近代护理事业的创始人。

　　南丁格尔出生于一个名门富有之家，她的家庭不但富裕，更是世代行善，名重乡里。19世纪50年代，英国、法国、土耳其和俄国进行了克里米亚战争，英国战士的死亡率高达42%。这时南丁格尔主动申请，自愿担任战地护士。她竭尽全力排除各种困难，为伤员解决必须的生活用品和食品，对他们进行认真的护理，仅仅半年左右的时间，伤病员的死亡率就下降到2.2%。每天夜晚，南丁格尔都提着一盏

油灯巡视病房。她悄悄走到伤员的病床旁,脸色慈祥,对每一个人都很和蔼地打招呼,含笑点头。但医院太大了,伤兵太多了,她不能在同一张病床前停留太长时间,于是伤兵们只好望着映在墙上的影子,送一个飞吻,以表示心中的无限感激。

1860年,南丁格尔用政府奖励给她的4000多英镑创建了世界上第一所正规的护士学校。随后,她又创办了助产士培训班。1901年,南丁格尔因操劳过度,双目失明,但她仍然努力工作,其后还发起组织"国际红十字会"。1910年8月13日,南丁格尔在睡眠中溘然长逝,享年90岁。

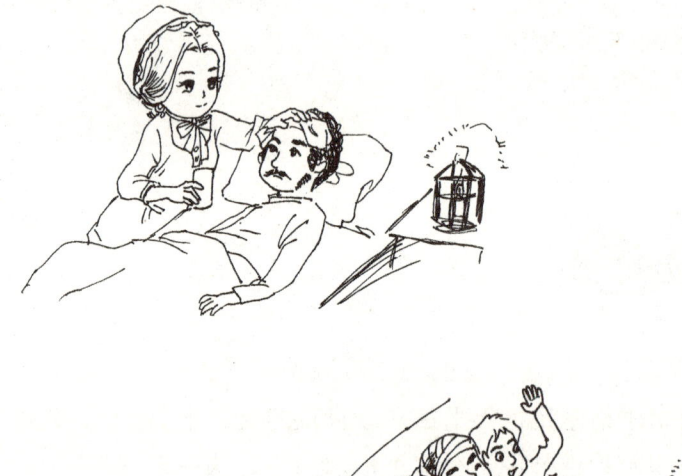

1. 南丁格尔如何抚慰伤病员?
2. 伤兵们如何表达对南丁格尔的感激之情?

巴尔扎克

《雨果悼巴尔扎克》
精彩片段
神父做了最后的祈祷,我讲了几句话。
在我讲话时,太阳正在西下。
远处的巴黎笼罩在落日辉煌的雾霭之中。
几乎在我的脚下,墓穴里的土越堆越多,而我的讲话不断被落在棺材上的土块发出的沉闷声响打断。

背后的故事

这是法国大作家雨果为纪念早逝的另一个法国大文豪巴尔扎克写的一篇文章中的一段。巴尔扎克虽然在 51 岁时便因病去世了,但他为世界留下了一大笔文化遗产:由 91 部作品组成的鸿篇巨制——《人间喜剧》。奥诺雷·德·巴尔扎克被人们称为法国现代小说之父。

巴尔扎克 7 岁时就进入寄宿学校和教会学校,过着极其严格的幽禁生活,很少与家人见面。于是,看书成为他最大的乐趣。长期离开亲人的生活,培养了他独立思考和工作的习惯。巴尔扎克毕业后写了不少作品,但长期不能发表。他也曾一度弃文从商、从事出版印刷业等,但都失败了。商业上的失败使他债台高筑,但也为他日后创作打下了坚实的生活基础。经过一番努力和坚持,巴尔扎克在 19 世

纪三四十年代以惊人的毅力创作了大量作品，终于成为举世公认的伟大作家。但由于早期的债务和写作的艰辛，他终因劳累过度于1850年8月18日与世长辞。

巴尔扎克是19世纪法国伟大的批判现实主义作家、欧洲批判现实主义文学的奠基人和杰出代表，是一位具有浓厚浪漫情调的伟大作家。他一边因奢华的生活而负债累累，一边以崇高深刻的思想创作出博大精深的文学巨著。他的生活趣事层出不穷，而作品更被誉为是"法国社会的一面镜子"。

1. 你知道巴尔扎克给世界留下的遗产是什么吗？
2. 巴尔扎克的最大乐趣是什么？

托尔斯泰

《复活》精彩片段
聂赫留朵夫现在明白，
社会和社会秩序之所以能维持，
并不是因为那些受法律保护的罪犯在审判和惩罚别人，
而是因为尽管存在着这种腐败的现象，
人们毕竟还是相怜相爱！

这是世界文坛巨星列夫·托尔斯泰所著长篇小说《复活》中的一个片段。他被称颂为是"最清醒的现实主义"的"天才艺术家"，主要作品有长篇小说《战争与和平》《安娜·卡列尼娜》《复活》等。

托尔斯泰一岁半丧母，十岁丧父，由姑妈抚养长大，青年时代因小说《童年》获得过屠格涅夫的赞扬。托尔斯泰参军后，在各次战役中看到平民出身的军官和士兵的英勇精神和优秀品质，加强了对普通人民的同情和对农奴制度的批判态度。所以，他的一些作品描写了俄国革命时人民的顽强抗争，因此被称为"俄国十月革命的镜子"。

少年时代的托尔斯泰很要强。在七八岁的时候，他热诚地渴望飞

翔,并且认为那是可以做到的。一次,他在应该下楼去吃饭的时候,留在书房里,并且爬到离地两米多高的窗台上面,抱紧双膝跳出去,想飞上蓝天。当然他并没有飞起来,只是向下跌了个"狗啃泥",头上起了一个青头包。但是,托尔斯泰勇于实践,相信自己,这也是他最后成为伟大作家的重要原因之一。

1. 托尔斯泰的"飞翔"试验能不能效仿?
2. 托尔斯泰的什么品格促使他成为一个伟大的作家?

安徒生

《海的女儿》片段
王子和他的新娘已经熟睡。
王子说梦话时叫着新娘的名字,他的心里只有她。
刀子在小公主的手里抖动着,但她猛地把刀子扔到海里。
海面立刻泛起一道红,好像喷出血来。
小公主望了王子一眼,跳到海里去了。
不一会儿,她的身子就溶化成了泡沫。

背后的故事

　　这是丹麦著名童话作家安徒生所著童话《海的女儿》中的一个片段,描述了善良的小公主宁愿自己毁灭也不去伤害负心王子的复杂心情。

　　安徒生是丹麦19世纪著名的童话作家,世界文学童话的创始人。他出生于欧登塞城一个贫苦的鞋匠家庭,受父亲和民间口头文学的影响,自幼酷爱文学。虽然安徒生是独生子,却并没有独生子的待遇,他的童年生活非常贫苦。11岁时,安徒生的父亲病逝,母亲改嫁,他只得与奶奶相依为命。奶奶用乞讨来的钱给小孙子买东西,他知道后十分懂事地对奶奶说:"奶奶,今后您什么也不用给我买,我自己会做玩具。"果然,后来他学着自己做小玩具。后来,为追求艺

术,他 14 岁只身来到首都哥本哈根。经过八年奋斗,他终于在诗剧《阿尔芙索尔》中崭露才华,被皇家艺术剧院送进斯拉格尔塞文法学校和赫尔辛欧学校免费就读。1838 年,安徒生获得作家奖金,国家每年拨给他 200 元非公职津贴。

"为了争取未来的一代",安徒生决定给孩子写童话,出版了《讲给孩子们听的故事》。此后数年,每年圣诞节安徒生都出版一本这样的童话集,其后又不断发表新作,直到 1872 年患癌症才逐渐搁笔。近 40 年间,他写了童话 160 多篇。

1. 安徒生的奶奶靠什么给孙子买玩具?
2. 为什么说安徒生是个懂事的好娃娃?

普希金

调查蝗灾报告

蝗虫飞呀飞,

飞来就落定。

落定一切都吃光,

从此飞去无音讯。

这是俄国著名的大诗人普希金写的一首讽刺诗。亚历山大·谢尔盖耶维奇·普希金,1799年6月6日出生于沙俄莫斯科,1837年2月10日逝世于圣彼得堡,是俄国著名的文学家、诗人、小说家及现代俄国文学的创始人,是19世纪俄国浪漫主义文学的主要代表,同时也是现实主义文学的奠基人、现代标准俄语的创始人,被人们誉为"俄国文学之父""俄国诗歌的太阳"。

普希金出身于贵族家庭,童年就开始写诗,在沙皇政府专为培养贵族子弟而设立的皇村高等学校学习。学习期间,普希金受到当时进步的十二月党人及一些进步思想家的影响,后来发表的不少诗作开始抨击农奴制度,歌颂自由与进步。不久,他世袭爵位当了一个小

官,沙皇派他下乡调查蝗虫灾害,他便写了一首诗,代替"调查蝗灾报告",以表达对沙皇统治的不满。此后,普希金一生倾向革命,与黑暗专制进行不屈不挠的斗争。1820年,普希金创作童话叙事长诗《鲁斯兰与柳德米拉》。故事取材于俄罗斯民间传说,描写骑士鲁斯兰克服艰难险阻战胜敌人,终于找回了新娘柳德米拉。普希金在诗中运用生动的民间语言,从内容到形式都不同于古典主义诗歌,向贵族传统文学发出挑战。他的思想与诗作引起沙皇俄国统治者的不满和仇恨,于是两度被流放。但他始终不肯屈服,最终在沙皇政府的阴谋策划下与人决斗而死,年仅37岁。

1. 普希金以什么为武器反抗沙皇的封建统治?
2. 普希金的讽刺诗针对什么人?

果戈理

《钦差大臣》精彩片段

你们笑什么?

笑你们自己!

唉,

你们这些人呀!

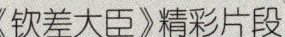

1836年4月19日,彼得堡大剧院正在上演喜剧《钦差大臣》。坐在观众席上,大臣和佩戴勋章、星章的将军们本来看得乐哈哈的,谁知,结尾剧中的丑角市长气急败坏地点醒他们:你们在笑自己呀!于是这些被果戈理捉弄了的上层人物收起笑容,面露愠色,舒适的软座好像长满了针刺。这部《钦差大臣》的作者就是果戈理。

尼古莱·瓦西里耶维奇·果戈理,俄国19世纪前半叶伟大的作家,于1809年4月1日出生并成长于乌克兰(乌克兰当时为俄国的辖地,故我们一般称其为俄国作家)。他的父亲本是当地有名望的乡绅,后辞去公职,在乡下开始尝试写作,并成为一名诗人和民间喜剧作家。父亲写的喜剧经常在朋友家的家庭舞台上上演,果戈理还曾

在其中扮演主要角色。这一切给早年的果戈理留下了深刻的印象,激发了他对戏剧乃至文学的爱好。1836年他的《钦差大臣》出版,引起当局不满,他被迫离开俄国,前往罗马。

果戈理是个勤奋的人,他不承认灵感可以消极地等到,而认为每天必须不间断地工作。他对一个朋友说:"写东西的人不能放下笔,就像画家不能放下画笔一样,每天必须得写点什么,要把手训练得完全听从思想。"果戈理在作品中表达了改革的愿望,暴露出旧社会的庸俗与罪恶。他是暴露俄罗斯自身面目的第一批作家,并且在《死魂灵》第一部中成功揭露了封建时代的俄国农奴制和官场的丑行。

1. 观看《钦差大臣》的权贵们为什么转笑为怒?
2. 果戈理小时候演喜剧与长大成为喜剧作家有何关系?

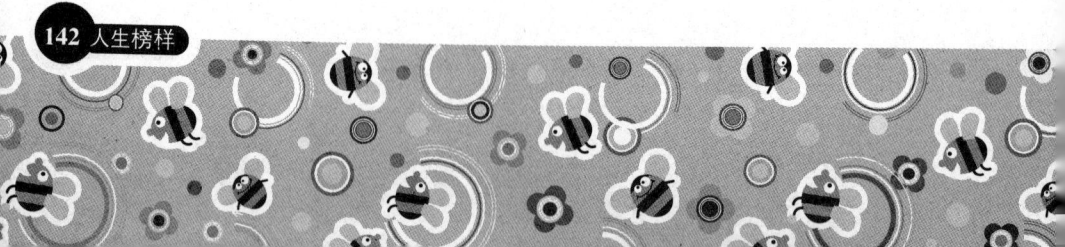

乔治·桑

乔治·桑

女作家,乔治·桑,

从小故事一大筐。

长大聪明又用功,

写出篇篇好文章。

（崔英）

背后的故事

乔治·桑的原名叫露西·奥罗尔·杜邦,1804年7月1日生于巴黎一个贵族家庭,在法国诺昂乡村长大。她的父亲是第一帝国拿破仑时代的一个军官。由于父亲早逝,她从小由祖母抚养。祖母为了把她培养成一个淑女,费尽苦心,而乔治·桑没有令祖母失望,小小年纪便已露出卓尔不群的才华。

乔治·桑从小就喜欢编故事做游戏。由于她老缠着妈妈讲童话故事,妨碍妈妈做事,妈妈索性用四把椅子围成一个圈,把她关起来。小人儿被关住了身体,但关不住嘴,她站在小脚炉上,编起童话故事来,并绘声绘色地讲给正在做事的妈妈听。一旦妈妈把她放出"牢笼",她便同表姊妹们演绎童话中的故事。顿时,杀声四起,洋娃娃、

图片和玩具"尸横遍野"。后来,她长大了,便编写人世间的故事,写了上百卷的文艺作品。1832年,她第一次以"乔治·桑"这一男性笔名发表两部小说,分别是《安蒂亚娜》和《瓦朗蒂娜》。在这些作品里,她提出了资本主义社会中妇女的命运问题,尽管没能明确地指出解放的道路,但毕竟揭露了当时社会的罪恶,抨击了资本主义的财产制度和婚姻制度,进而提出社会主义的理想。

乔治·桑被她同时代的人公认为最伟大的作家之一。雨果曾赞誉她:"她在我们这个时代具有独一无二的地位。特别是,其他伟人都是男子,唯独她是女性。""她是我们这个世纪的骄傲,是我们民族的骄傲。"

1.你知道乔治·桑是什么样的人吗?
2.乔治·桑被关在"牢笼"里时在干什么?

海明威

《老人与海》精彩片段

他身上的每一部分都显得老迈，

除了那一双眼睛。

那双眼睛啊，跟海水一样蓝，

是愉快而不肯认输的。

这是美国大作家、诺贝尔文学奖获得者海明威写的小说《老人与海》中一段描绘主人公的话。小说中的老人是个十分勇敢的人，这是海明威本人个性的化身。

1899年7月21日，海明威出生在美国芝加哥郊外橡树园镇一个医生家庭。他的父亲酷爱打猎、钓鱼等户外活动，母亲喜爱文学，这一切对海明威日后的生活和创作产生了不小的影响。"我什么都不怕"，是海明威3岁时就爱说的一句口头禅。14岁时海明威进了拳击训练班，他在第一堂拳击课上勇猛敢拼，身体受了很重的伤。后来，别的学生纷纷自动退学，只有海明威坚持到底。海明威对拳击狂热的迷恋培养了他的硬汉个性，使他终身受益。

第一次世界大战爆发后,海明威怀着要亲临战场、感受战争的热切愿望,加入美国红十字会战场服务队,投身意大利战场。一天夜里,他被炸成重伤,身上的炮弹片和机枪弹头多达 230 余块。他一共做了 13 次手术,换上了一块白金做的膝盖骨。战争结束后,海明威被意大利政府授予十字军功奖章、银质奖章和勇敢奖章,获得中尉军衔。伴随荣誉的是他身上 237 处伤痕和赶不走的恶魔般的战争记忆,他身上至死还留下一些无法取出的弹片。后来,海明威根据自己的性格,在作品中塑造了一个又一个硬汉形象。

1. 为什么说海明威是一个硬汉?
2. 《老人与海》中的老人与海明威有什么相似之处?

泰戈尔

诗歌《飞鸟集》片段

海水呀,你说的是什么?

是永恒的疑问。

天空呀,你回答的是什么?

是永恒的沉默。

拉宾德拉纳特·泰戈尔是印度诗人、哲学家和印度民族主义者,1913年成为第一位获得诺贝尔文学奖的亚洲人。泰戈尔的诗在印度享有史诗的地位,他本人也被称作"诗圣",代表作有《吉檀迦利》《飞鸟集》。

泰戈尔1861年5月7日出生于加尔各答市一个富有哲学和文学艺术修养的家庭。他13岁即能创作长诗和颂歌体诗集,于1878年赴英国留学,1880年回国后专门从事文学创作。他的作品反映了印度人民在帝国主义和封建种姓制度压迫下要求改变自己命运的强烈愿望,描写了他们不屈不挠的反抗斗争,充满了鲜明的爱国主义和民主主义精神,同时又富有民族风格和民族特色,具有很高的艺术

价值，深受人民群众喜爱。

　　上面引用的是他的代表作《飞鸟集》中的一个片段。他的诗，极其纯洁、美丽，可以说是"真善美"的化身，同时充满了简朴的日常生活气息，其中有叹息的旅人、撑破伞的教师、蒙面纱的少女。泰戈尔对国家命运的思考，成了他青年时的诗情源泉。1941年，他写作了控诉英国殖民统治和相信祖国必将获得独立解放的著名遗言——《文明的危机》。

考考你

1. 你能从泰戈尔的《飞鸟集》片段中感受到"真善美"吗？
2. 泰戈尔的诗情源泉是什么？

肖 邦

肖 邦

五岁小肖邦,

开始学弹琴。

七岁作乐曲,

竟成畅销品。

八岁上舞台,

一曲惊众人。

背后的故事

弗里德里克·弗朗索瓦·肖邦(1810—1849),波兰作曲家、钢琴家。肖邦出生在华沙近郊,父亲是法国人,侨居华沙任中学法文教员,母亲是波兰人。肖邦从小就表现出非凡的艺术天赋,六岁开始学习音乐,七岁时就创作了波兰舞曲。肖邦八岁时,就登上了为慈善协会举办的音乐会。他在台上正襟危坐,飞快地向前排的妈妈甜甜一笑,然后专心致志地弹起钢琴。一个爱挑剔的评论家不大相信小孩子能弹出什么好曲调,随着时间的推移,他由惊而喜,由喜而痴,以至于双眼直勾勾地盯着台上。钢琴声停止了,刻薄的评论家如梦初醒,赞叹不止。他连忙去找孩子的父亲,向他鞠了一躬,重复了自己的惊叹。

肖邦不足20岁就成为历史上最具影响力和最受欢迎的钢琴作曲家之一,是波兰音乐史上最重要的人物之一,是欧洲19世纪浪漫主义音乐的代表人物,被誉为"钢琴诗人"。

因为1830年波兰爆发了反对外国势力瓜分波兰的起义,肖邦无法回国,只得移居到法国巴黎。但肖邦时刻惦记着祖国,把一腔爱国热血化为音符,在国外经常为同胞募捐演出,为贵族演出却很勉强。舒曼称他的音乐像"隐藏在花丛中的一尊大炮",向全世界宣告"波兰不会灭亡"。肖邦后来肺结核病复发,39岁便离开了人世。临终时他嘱咐亲人把自己的心脏运回祖国。于是,这位"远离母亲的波兰孤儿"终于回到了家乡。

1. 肖邦是天才吗?
2. "神童"需不需要勤奋?

萨 特

读书乐

英雄仙子和精灵，

故事精彩寓意深。

科学迷宫有悬念，

引人入胜去寻根。

背后的故事

让·保罗·萨特是法国20世纪最重要的哲学家之一、法国无神论存在主义的主要代表人物，也是优秀的文学家、戏剧家和社会活动家。萨特出生于巴黎一个海军军官家庭，父亲在萨特15个月大的时候在印度死于热病。幼年丧父，萨特只能从小寄居在外祖父家。在小萨特长到三四岁的时候，有一天，外祖父非常神秘地带他去一个地方，那儿有很多的书。小萨特震惊地走进那间看起来古怪的屋子，抚摸着他摸得到的每一本书。有一次，他同外祖父来到书房，学着外祖父的样子，翻开书，咿咿呀呀地乱读一气。萨特的这种急于读书的愿望和行为感动了爱书如命的外祖父，于是外祖父决定教萨特学字母。萨特为自己终于能开始读书而欣喜若狂，他边学边读，成了书

痴。从此,萨特一天也离不开书啦。

　　萨特在中学时代开始接触柏格森、叔本华、尼采等人的著作,1924年考入巴黎高等师范学校攻读哲学,1929年获大中学校哲学教师资格,随后在中学任教,陆续发表了他的第一批哲学著作《自我的超越性》等。1943年秋,萨特的哲学巨著《存在与虚无》出版,奠定了无神论存在主义哲学体系的基础。当1980年4月15日萨特在巴黎逝世时,法国总统德斯坦说,萨特的逝世,"就好像我们这个时代陨落了一颗明亮的智慧之星"。

1. 你喜欢爸爸妈妈的书房吗?
2. 萨特为什么离不开书?

比尔·盖茨

儿歌

比尔·盖茨

世界首富叫盖茨，

高中毕业办公司。

依靠知识兴"微软"，

名利双收创奇迹。

背后的故事

　　比尔·盖茨出生于 1955 年 10 月 28 日，和两个姐姐一起在美国西雅图长大，父亲是西雅图的一名律师。比尔·盖茨曾就读于西雅图的公立小学和私立湖滨中学，在那里，他开始了自己个人计算机软件的职业经历，13 岁就开始编写计算机程序。

　　比尔·盖茨的创业是在高中快毕业时开始的。他和好友艾伦合资 360 美元，到政府登记注册创办了公司。1973 年，盖茨进入哈佛大学一年级，在那里他为第一台微型计算机——Altair8800 开发了 BASIC 编程语言。1974 年一个寒冷的日子，盖茨和艾伦看出了开发微型电脑软件项目的巨大价值，于是决定合资办一个开发微型电脑软件的公司。1975 年 7 月，不到 20 岁的盖茨和艾伦合资开办的微软公司正

式成立了。就是这个微软公司,后来为盖茨和艾伦带来巨大财富,闻名遐迩,并造就出世界首富盖茨和世界顶尖级富豪艾伦。

有了钱之后,盖茨不忘慈善,他与夫人一起创办了慈善组织——比尔与梅林达·盖茨基金会。该基金会在为贫穷学生提供奖学金、艾滋病防治方面有很大贡献。2004年英国外交部宣布,比尔·盖茨将被英女皇册封为英帝国爵级司令勋章(KBE),以表彰其在英国企业发展、就业、教育和志愿事业等方面作出的杰出贡献。KBE是英国女皇可以授予外国公民的最高荣誉称号。

1. 比尔·盖茨是靠什么成为世界首富的?
2. 你知道微软公司吗?

松下幸之助

民 谚

吃得苦中苦，

方为人上人。

松下幸之助，

吃苦耐劳有大成。

　　松下幸之助是日本著名跨国公司"松下电器"的创始人，被人称为"经营之神"。日本松下电器公司是世界著名的大公司，产品畅销世界，但松下幸之助是靠勤劳致富白手起家的。

　　少年时代的松下幸之助只受过四年小学教育，因父亲生意失败，离开家到大阪去当学徒，开始做自行车的生意，然后对电器感兴趣。他勤勉又肯帮客人的忙，客人常常叫松下去帮忙买香烟。他知道香烟店有一种批发奖励政策，一次买 20 包香烟就送一包，于是便一次买 20 包来存着，这样不仅客人要时可以立即拿出来，还可以攒一包香烟钱。20 岁的时候，他通过 11 年的艰苦努力，积攒了一百块钱。松下以此为资本，在大阪建立了"松下电气器具制作所"。当时环境很艰苦，但松下幸之助带领制作所员工一同努力、创新，连续推出了先进的配线器具、炮弹形电池灯、电熨斗、无故障收音机、电子管、真空管等一个又一个成功的产品。七年之后，松下幸之助成了日本收入最高的人。

松下幸之助为人谦和，他用一句话概括自己的经营哲学："首先要细心倾听他人的意见。"他还坚持薄利多销的原则，多考虑消费者和代理商的利益，并能兼顾自己企业的利益。

1. 你知道松下幸之助是哪个跨国公司的创始人吗？
2. 松下幸之助的经营哲学是什么？

洛克菲勒

洛克菲勒

小约翰,林中转,

捡到一窝火鸡蛋。

蛋生鸡,鸡生蛋,

卖了鸡蛋就赚钱。

七岁孩子计划精,

经商理财会盘算。

(黄继先)

背后的故事

约翰·戴维森·洛克菲勒(1839 年 7 月 8 日—1937 年 5 月 23 日),美国实业家、慈善家,以革新了石油工业与塑造了慈善事业的现代化结构而闻名。1870 年洛克菲勒创立了标准石油,在全盛时期垄断了全美 90%的石油市场,也是 20 世纪第一个亿万富翁。洛克菲勒极为沉默寡言、神秘莫测。《福布斯》网站曾公布过"美国史上 15 大富豪"排行榜,最终约翰·洛克菲勒名列榜首。

约翰·洛克菲勒出身贫穷,在家里六个孩子中排行第二。他的父亲虽然不是一个正直的人,但他精打细算的商业头脑对年幼的洛克菲勒留下了正面影响。在父亲的熏陶下,洛克菲勒从小就学会了打"算盘"。七岁那年,在树林中玩耍时,他发现了一窝火鸡蛋。但他没

有掏蛋,而是耐心地等待小火鸡孵出后,才将它们捉回自己的房间,将它们养大。这一群火鸡出售后,他的存钱柜分量增加了不少。他还琢磨如何将存钱柜中的死钱变成活钱,让钱生钱。于是,小小七岁的孩子竟然开始了向农户放贷的生涯。不久,他的存钱柜就装满了。

洛克菲勒坚信他人生的目的是"从其他恶性竞争的商人们身上赚取尽可能多的金钱,而用此金钱发展有益于人类的事业"。他用各种手段成为空前绝后的巨富,但他不烟不酒不赌不色,一生可谓勤俭自持,并在晚年将大部分财产捐出,资助慈善与研究事业,开启了美国富豪行善的先河。

1.洛克菲勒为什么不掏火鸡蛋?
2.洛克菲勒的存钱柜是怎样被装满的?

巴菲特

巴菲特

小沃伦,真能干,
五岁就会摆小摊。
卖果汁,扛球杆,
一分一厘去挣钱。
他为父母分忧愁,
改变穷家成富园。

（黄继先）

世界巨富沃伦·巴菲特是老板中以钱生钱的顶尖级高手。他的庞大财富,是在四十余年间,从零开始,通过股票交易和投资各种行业,以钱生钱,一点点积聚起来的。

1930年8月30日,沃伦·巴菲特出生于美国内布拉斯加州的奥马哈市。沃伦·巴菲特从小就极具投资意识,他钟情于股票和数字的程度远远超过了家族中的任何人。他满脑子都是挣钱的想法,五岁时就在家门口摆地摊兜售口香糖。稍大后他带领小伙伴到球场捡大款用过的高尔夫球,然后转手倒卖,生意颇为红火。上中学时,除了利用课余做报童外,他还与伙伴合伙将弹子球游戏机出租给理发店老板,赚取外快。沃伦11岁那年,开始了以钱生钱的买卖。他买了三

股票价位升高后,抛售出去,纳税后净赚了五美元。当他在大学读书的时候,便成了"万元户",已经积攒了9800美元。在20世纪40年代,这可不是一个小数目!1947年,沃伦·巴菲特进入宾夕法尼亚大学攻读财务和商业管理,但他觉得教授们的空头理论不过瘾,两年后转学到尼布拉斯加大学林肯分校,一年内获得了经济学士学位。1950年巴菲特申请哈佛大学被拒之门外,于是考入哥伦比亚大学商学院,拜师于著名投资学理论学家本杰明·格雷厄姆。在格雷厄姆门下,巴菲特如鱼得水。格雷厄姆反对投机,主张通过分析企业的赢利情况、资产情况及未来前景等来评价股票,他传授给巴菲特丰富的知识和诀窍。后来,巴菲特被人们称作"股神"。

1. 巴菲特成为世界巨富的秘诀是什么?
2. 巴菲特是怎样成为"万元户"的?